三度目の誕生

人間の忘れているもの

一瀬俊夫
Ichise Toshio

天理教道友社

まえがき

この二月から三カ月間、私は教祖伝担当の一期講師を拝命して、修養科生の教育に当たった。それは机に向かう絶好のチャンスであった。

一方、私には生涯かけて訴えたい課題があり、なんとか一冊の単行本にまとめてみたいと、かねがね思っていた。それは真正《しんせい》の平和世界を招来するためには、慢心した人間どもが見失い、あるいは追い出したをや（親神様）を、どうしても私たちの上座に呼び戻さねばならない、ということであった。巷《ちまた》に喧《やかま》しい人間回復よりも、もっともっと根本的な問題として、忘れている親神様の回復（表現は適当でないかもしれないが）をこい願っていたのである。

同時に、人生は今生一回限りといった可視的で瞬間的なものではなく、前生があり前々生があり、八千八度《はっせんやたび》の生まれ更《か》わりを経て、今生があり、また来生から来々生、さらに末代へと続く長い道すがらであるという教祖《おやさま》の教えを、声を大にして伝えたかったのである。

こうした課題を、修養科生への授業の中におりこんで、昼間つとめさせていただき、そのまま夜、原稿用紙にペンを走らせた。したがって内容は、初信者向きの実話・実例が中心となり、その大半が、私や私の家族の信仰体験ばかりとなった。

もとより実話・実例の一つ一つを通して、人間的な足どりをたどっていただくよりも、親神様によるご守護の流れを、十分に読み取っていただきたいと願いながら……。

思いはそこにあっても表現力の未熟さはどうにもならず、またごく限られた実話・実例であることは、一にかかって私自身のおたすけの乏しさにほかならない。同時に悟りの感度の弱さに起因するものでしかない。

要は、自分の時計を合わす時報、人生航路の方向を示す羅針盤《らしんばん》は、人間を超えて、人間の上に働かれる、人間のをやなる親神様であることを、私は力説したかったのである。

終わりになったが、この本を出版するに当たって、道友社の西山・福地両先生をはじめ皆様方のご尽力を得たことに心からお礼申しあげる。

昭和四十九年九月二十六日　　おぢば、にて

一瀬　俊夫

目次

与えられた日々を振り返り

はじめに

著者も書名も記憶にないが「人生には四度の誕生がある」と書かれた文章の印象が、私の心に強く焼きついている。

一度目は、母体から生まれ出るときであって、戸籍簿に記載される普通の生年月日である。

二度目の誕生は、子供から大人に変わるとき、すなわち、にきびが出、声変わりし、我《が》に目覚め、性に目覚めるころである。これは人によって多少の年齢差はあるが、遅くとも二十歳ぐらいまでには、ほとんどの人が味わう一つの生まれ更《か》わりであって、思春期の誕生と呼ばれる。

三度目を飛ばして、四度目の誕生というのは、世にいう死亡のときである。

仏教では、地獄や極楽などに生まれに往《い》くといって、〝往生《おうじょう》〟などの言葉がよく使われている。それは今生の最後の幕であり臨終であるが、また同時に来生への門出であるという意味で、確かに一つの誕生と理解することができる。天理教の教祖《おやさま》は、これを〝出直し〟と仰せられた。それは古い着物を脱いで、新しい着物と着替えるようなもので、いったん肉体は、しばらく親神様にお返ししても（その魂はある期間お預かりになる）、またいめいの心づかいにふさわしい肉体を借り、境遇を受けて、この世に出直してくると諭されている。

さて、前に戻って、それでは三度目の誕生というのは、一体どういうことであろうか？　私はその説明をこれからしなければならない。

普通の人間は、思春期の誕生を経て大人になるにつれて、次第に知恵や力がつき、何でも自分でできるようになってくる。やがて人間万能・人間過信の心を持つようになる。

しかし、さらに一歩深く人生にメスを当てるとき、いままで万能と思い過信した人間の知識にも能力にも、おのずから限界のあることが分かってくる。いくら強がりをいっても、百五十歳の寿命は、ほとんど持つことが許されず、いくらもがいてみても、九州と北海道の友を同時に訪れることはできない。

早い話が、親も選べず、子も選べず、それどころか自分自身さえ選べなかった人生である。まったく一度目の誕生も意識しなかったし、四度目の誕生といわれる死の期日さえ容易に予測できない。いわゆる始発駅も終着駅も分からず、あなた任せのたよりない人間の存在であることに気がつくのである。

×　×　×　×

このように時間的にも空間的にも、人間はみな限りあるものであると自覚するとき、そこから無限なるものを憧《あこが》れ、慕い、かつ求めるようになり、子孫のために幸せを願ったり、海山千里隔てた友人知己《ちき》のために健康を祈ったりするようになる。こうしてもう一度、いままでの人生観の大転換を余儀なくされる。これが宗教的誕生である。

したがって、この宗教的誕生は通常、何かの動機を通して胎動を始める場合が多い。

たとえば不慮の災害、死に瀕《ひん》した病、あるいは命を賭《か》けた事業の失敗など、予期しない運命のいたずらの前に、過信した自己がひざまずかざるを得なくなる。この逆境の中から、強い陣痛が始まってくる。

すなわち、神、仏、大自然などといった無限の力に抗して戦ってきた自己が、さんざん敗北を喫して、人間存在の基盤がゆるみ、ついに宗教的人間に生まれ更わるのである。

こうした人間の真相に触れるとき、〝宗教とは、溺《おぼ》れる者が藁《わら》をもつかむようなもの。人生の敗残者が、そこに逃避し避難するものである〟という思いあがった誤りが正されてくる。

宗教を知らない人生は、かえって未熟な人生であり、無神論者であることを誇った過去の自分が、いかに不明であったかを悟るようになる。おふでさきに、

めへ／＼のみのうちよりのかりものを
しらずにいてハなにもわからん　（三　137）

と仰せられているが、この三度目の誕生を体得して初めて、大人らしい大人の仲間入りができたといえるのである。

この宗教的誕生は、人によって年齢的に大きなひらきがあって、ある者は比較的若いうちに、また、ある者は肉体を棺《ひつぎ》に納めるころ、ようやく死の病床から合掌し、初めて誕生する。年若くして信仰し得た者は、人生の無上の幸運児であるといわなければならない。

与えられた人間関係

（1）親を選んだ者はない

人間の幸・不幸を大きく左右する両親さえ選ばないで、生まれてしまった私たちである。

その両親もまた私たち同様、風俗や慣習、伝統や歴史の異なる国籍も考えず、うっかりこの世に生まれてしまっている。祖父母も同様に、まったく無意識のうちに、この世に生を享《う》けたのである。

誰《だれ》一人として親を選択して、人生を門出した者はない。宿を出てしばらくしてから、旅路に立つ自分を考え、まわりの旅人を見つめる。そうして一晩ぐっすり寝こんだ宿に、千差万別があったことに、気がつくのである。

なぜ、こんなに宿の違いが出てくるのであろうか。

1　母に捨てられた子

「おふくろなんて、僕、一生涯恨《うら》み通しますヨ。引き取って面倒など見るもんですか」

と言って悲惨な過去を訴えた青年がいた。聞けば、もっともな話であった。

「おやじは早くに亡《な》くなったんですが、それでも僕は、おふくろと姉と三人で、どうやら暮らしていたんです。ところが、そのうちおふくろの姿が見えなくなってしまいました。きっといい男でもできたんでしょう。

　その後はしばらくおばあさんと一緒でしたが、そのおばあさんも死んでしまったあとは、ほんとに哀れなものでした。叔父《おじ》さんや叔母《おば》さんの家を転々としたあげく、とうとう姉は女中奉公に、僕は小僧にやられてしまったんです。

　僕がいま、こんなにひねくれてしまったのも、みんなおふくろのせいですヨ。おふくろさえ蒸発しなけりゃ、僕だってもっともっとましな人間になっていたでしょう。

誰が好きこのんで、わざわざ人生の裏街道など歩むもんですか。

いまごろになって、おふくろがかわいそうだからといったって、引き取る気持ちになんか、とうていなれません。そんなことを言う姉にまで、いまは腹が立ってしようがないんです」

生きる戦いがいかにきびしくとも、最後の砦《とりで》は母でなければならないのに、そこが逃げこむ場所とならなかったこの姉弟の悲しみは、想像するだけでさえ、やるせないものがあった。しかし、共に泣くだけでは私の立場が許さなかった。何とか恩讐《おんしゅう》を越えてもらわなければならない。

「ところで君、お母さんの居所がよく分かったネ。いま、どうしておられるの？」

私は彼に、その後のいきさつを尋ねた。

「それこそ二十年ぶりなんです。すでに結婚した姉が、おふくろを捜し当てたんですヨ。僕は姉から『お母さんがいたのヨ。会いたくない？』と言われて、『生きているんなら、ぜひ会わせてくれ』と頼みました。

ある日のこと、僕は姉に案内されて、いなかの畦道《あぜみち》を歩いたんです。『ほら、あそこで草をむしっているのが見えるでしょう。私たちのお母さんヨ』と指さされて、僕はすっ飛んでいきました。そうしておふくろを無茶苦茶になぐって蹴《け》飛ばしてやったんです。

姉はびっくり仰天して、走ってきて僕を止めました。それからしばらくの間、僕は畑で思いきり泣きました。おふくろも姉もワンワンいって泣きくずれてしまったんです。

ようやく涙の終わったとき、姉が私に『三カ月間の天理教の修養科に行ってらっしゃい』とすすめたので、こうして天理の街に来たのです。姉はいつの間に天理教の信仰を始めていたのでしょうか……。

ともあれ、その三カ月も修了する間際のいまになって、姉から手紙で『私は他家《よそ》の嫁となっているから、どうしようもないけど、お前はたった一人の跡取り息子だから、何とかお母さんを引き取って見てやってくれないか』と言ってきました。

先生、僕を捨てたおふくろなんか、苦労するのが当然でしょう。そんなのは自業自得ですヨ。もともと捨てたのが悪いんだものネー」

というのであった。

〝親は親たらずとも子は子たるべし〟ぐらいの言葉で効き目があるような症状では、とうていなかった。親に対する絶対不信のかたくなな感情そのものであった。

私は、天理教者として信ずるままを、率直に彼に語った。

「睡眠というものを間に置いて、昨日から今日、今日から明日に連続するように、今生の前に前生があり、今生の後《あと》に来生があると私は悟っているんだがネ。死は出直しであって、肉体という古い着物を脱ぎ捨てて、しばらく親神様がその懐《ふところ》に魂をお預かりになり、今生通った道にふさわしい父母の許《もと》に、新しい着物をつけて、来生、生まれてくると思うんだよ。

飲んべえの親を持って泣く子は、前生で自分がさんざん飲んで通ったからであり、ヒステリーの母に苦しむ子は、ヒステリックで子供を苦しめた前生があるに違いないと悟っている。

前生なり前々生なりは、あくまでも悟りであって、科学的な証《あか》しは立てられないかもしれない。でも、オギャーと生まれてくる人生のスタートに大きなハンディキャップのあることを、どう悟ったらいいのだろう。もとより無意識・無自覚・無選択な出生の差を、どう悟ろうと、それは個人の自由だが、私はどんな苦労も、先祖や両親のせいではなくて、すべては自分自身の種まきによるものと考えてみたいのだ。

まさしく広い世界に唯《ただ》一人、親を選んできた子供はいない。

したがって君の場合は、母親に捨てられた捨てられたというけれど、その実は、君自身が前生で、幼い娘を捨ててきたからだと悟ることはできないだろうか。

その通り返しとして、今生は君が捨てられる番となって、前生の娘がこの世に早く生まれ更《か》わり、君がその腹に宿って、親子としての組み合わせがなされたものと、私は信じたい。

昨日の借金を今日返済するということは、いかにも冷たく手きびしいように感じられるけど、組み合わせを支配される運命の親神様は、相当割引のある、むしろ慈悲深い親だと私は思う。おそらく十のものなら三つぐらいしか見せてはおられないと考えられるのだ。

もう一度言うけれど、君が捨てたために生きる力を失った娘が、この世に先に生まれ更わり、わがまま放題に前生を振る舞ったに違いない君が今生に、その娘の子として宿し込まれたようなものと信じてみてはどうだろうか。

とにかく、捨てられた母ではなく、捨てた娘と考えるとき、引き取って献身的な愛情を傾けることは、むしろ当然だということにはならないかナー」

彼は、じっと黙って私の言葉をかみしめていた。すっかり形勢が逆転した彼の顔に、赤みが差した。身に一つの覚えもない前生を頭に描き、澄んだ眼で彼は帰っていった。

私は、彼の後ろ姿に知らずしらず合掌した。

2　再婚同士の両親

再婚同士の両親とは、実は私の父であり母である。のちには、すばらしい親となって、私ほど幸せな者はないと、むしろ反対に親を遠慮なく賞《ほ》めたたえているが、私の生まれたころの親は、二人ともあかぬ者同士であった。

父は初婚の妻に逃げられて捨てられた男であり、母もまた初婚の夫に追い出されて忘れられた女である。傷心の者同士が、同病相憐れむのたとえのように再婚して、とたんに私が授かったという次第である。

まず母のほうから紹介しよう。

母は初婚の夫との間に可愛《かわい》い女の子が授かって間もなく、肺病と痔瘻《じろう》を患い、その上、黒ソコヒになって、ほとんど盲目同然となった。夫はびっくりして、姑《はは》と相談のあげく赤ん坊を引き取って、養生のためという理由をつけて母を実家に帰らせ、あとから離縁状を送ったのである。

母はそのとき二十二歳。幸福な新婚生活から、とたんに不幸のどん底に突き落とされた。やせ衰えて寝床に横になりながら、やっと見える天井の節穴を一つ二つと数えては、別れた夫や子供のことを思い続けた。そうしてこれからの一生を案じて、眠れない夜が続いた。母の落ちこんだ〝落とし穴〟は、あまりにも深かったのである。

こうして母が毎日人知れず泣き暮らしているとき、〝落とし穴〟の上から声をかけ、綱を下ろしてくださった親切な人があった。その人が天理教の信者であったのである。

母はその手に引かれ、近くの天理教の教会に初めて参拝した。ちょうど教会の祭典日であった。母は壁にもたれながら、体を楽にして、おつとめの模様をじっと眺《なが》めていた。一時間余りおてふりの続くのを目にしながら〝どうせ死ぬんだったら、あんなふうに踊りながら死んだほうがましだネ〟と思った。これが母の信仰の第一歩となったのである。

信仰は、合掌で始まって合掌で終わる、おつとめに明けおつとめに暮れる、親神様との直接の対話が、その本筋である。先生方の信仰の体験談は、むしろその補いであって、話を聞くことが好きであるよりも、拝むこと祈ることに力点がなければならない。教祖が心を込められたおつとめに、最初から心を引かれたことは、母のたすかるもとであり、それだけに幸せの星の持ち主であったとみなすことができるであろう。

　やがて母は、教会に日参するようになった。そうしておてふりを、休みやすみ習い始めた。そうこうするうち、

　　なんぎするのもこゝろから
　　わがみうらみであるほどに　（十下り目　7）

というみかぐらうたの一首が、母の心につきささったのである。それまでの母は、難病のゆえに世をはかなみ、むしろ運命の神を呪《のろ》っていた。

「こんなに難病で苦しみ、夫と別れ、子供と引き離されるのは、一体どうしてなんでしょうネ。わが身恨みと思うほど、悪いことをした覚えはあまりないのですけど……。

　世の中の多くの人々は、もっともっと悪いことをしながら、ピンピンシャンシャン

しているのにネー」

首をかしげながら、母はつぶやいた。

「今生には、そんな悪いことをした覚えはなくても、人間はみんな八千八度《はっせんやたび》の生まれ更《か》わりをしているのですからネー。きっとあなたの前生がいけなかったのでしょうネ」

と、教会の奥様がおっしゃった。

「ヘェー。前生があるんですか?」

前生とか来生とかいう教育は、公立の学校教育には全然なかった。母は、両親からもそんな話を聞いた覚えはなかった。前生とか来生とかは、宗教だけの独壇場である。今生だけをとらえた可視的教育が正しいのか、前生とか来生を加味した悟りの教育が正しいのか、深い訳は分からないけども、不運であることの理解は、後者のほうが正しいとみるとき、ようやくできるのであった。

「それでは奥さん、私にはどんな前生があったのでしょうネ?」

悩みや苦しみが重なっているだけに、母はなお追及をやめなかった。

「前生を悟ろうと思ったら、目上の人々を見ればいいのですヨ。親や先祖が、子や孫にたたるのでは決してありません。親や先祖と組み合わされたという陰には、そうした目上の人々と同じような道を通った前生や前々生があるからなんです。自らのまいた種が、自らに生えてきたと自覚し、雑草の根を取り除き、新しい良い種をまくことですネー」

と、母は教えられた。そこで、目上に当たる両親をはじめ、祖父母や伯父《おじ》・叔母《おば》などの過去を、母はじっと見つめるようになった。

ある日のこと、二階に寝ていた母の枕元で、祖父は片手を広げ、結核のわが娘に言葉をかけた。

「わしはなァ、これだけだったヨ」

母は何のことか分からないので、

「一体、何のこと？」

と聞き返すと、

「まあ、ざっと五十人の女と遊んできたネ。お父さんも若いころは随分もてたからナ」

母は、びっくりして祖父の顔をしげしげと見つめるばかりであった。

「ところで、つき合った五十人の女の中で、いまのお母さんと一番仲がよくってネ。ほとんど毎晩のように会っているうちに、実はお腹《なか》に子供ができてしまったんだヨ。まあ、いまその子がいたら、お前の兄さんか姉さんに当たる訳だがネ……。ところが、その子は堕《お》ろしてしまった。何しろ両親が絶対反対で、そのときはどうしようもなかったから……。その後も交際が続いて、そのうちまたお前が宿ったんだ。以前と同じように今度も堕ろそうかと思ったが、近所の人から堕胎罪で訴えるゾとおどかされたり、あるいは星の強い子だから産んでやれとすすめられたりして、まあ仕方なく親戚《しんせき》の一部屋で、そっとお前を産んだんだヨ。

しかし私生児では将来かわいそうだし、いろいろ考えた末、お母さんの妹として、いったん入籍した。幸いお前ができたおかげで、とうとう両親が根負けし、わしら二人の結婚が黙認されたわけだ。そのとき、お前をわしらの養女として籍を入れたという次第なんだ。

なぜ、こんなくだらない秘密を明かしたかというと、本当は養女ではなくて、正真正銘の長女であるということを話したかったんだヨ。なー、間違いなく長女なんだから、大船に乗ったつもりで、ゆっくり養生したらいいんだヨ」

祖父の話を聞き終わって、母は自分の戸籍に対する不信を解くことができた。ふとそのとき、自分の前生が悟れたのである。

〝五十人の女と遊んだ父と組み合わされた私は、前生、女だてらに五十人の男を渡り歩いたに違いない。その間、どれほど多くの人の胸を苦しめてきたことでしょう。これがきっと私の胸の痛み——肺病のもとなんだワ。

それに親の目を盗んで宿った私、しかもあわや暗闇《くらやみ》に流されるべき運命……、あーそうだ、これが一生盲目で通らねばならない私の黒ソコヒなんだネ。してみると私は前生、よほど多くの子供を堕胎してきたに違いない〟

母はこのように悟りがつくと、これからはたくさんの人々の胸を休め、また他人の見ていないところで、いいことをせねばならないと、否応《いやおう》なく誓わねばならなかった。これこそが難病から根本的に救われる唯一の道なのだと気がついたのである。

それからは、薬や注射だけに頼っているわけにはいかず、〝人をたすけさせていただける〟道を求めて、ひたすら信仰的な精進を続けた。

そうして約一年後、さしもの肺病も黒ソコヒも、ついで痔瘻までも、まるで嘘《うそ》のようにすっかり治ってしまったのである。


次は父の番である。

父は、とある農家の二男坊として生まれた。学校を卒《お》えると、街に出て早くから店員奉公に出た。生来の実直型で、くそ真面目《まじめ》に働きぬき、その間、寝る暇を惜しんで早稲田《わせだ》の講義録で勉強を続けた。その甲斐《かい》あって専門部を優秀な成績で卒業し、無試験で大学に入れるようになった。ところがあまりにも小柄であったため、大学を出て背広を着たところで、自分には決して合わないと判断し、ひたすら努力に努力を重ね、商人としての道に専念した。

その勤勉の成果が実って、ついに小さいながら独立した商店を持つようになった。そうして妻を迎えたのである。

ところが、その妻は〝こんなに働くことばかりに夢中になっている夫なんか、ちっとも面白くない。これじゃ遊びに行くこともできん〟というわけで、〝いまのうちに逃げるにしかず〟と、いつの間にか蒸発してしまった。

父の傷手《いたで》は大きかった。せっかくレールに乗った商店も継続していく気力を失った。一介の小僧からやり直したくなった。

こうして舞鶴《まいづる》の港にある魚市場の鈴ふりに舞い戻ったのである。早朝の街の通りを、鈴をふりながら、「さばが入りましたヨ」「いわしがたくさん入っています」と声をかけながら、魚屋から魚屋をぬって歩いた。

この当時に、母との再婚話が持ちあがったのである。

「おはなさん（母の名）、みかん箱一つと茶碗《ちゃわん》が一つだけあるようなところへ、あなたは嫁に行くといいのヨ。そうしたら、あなたの健康の徳は頂けるように思います。財産のある家へ嫁に行ったら、悪いけど、また肺病が出ることになるんじゃないかしら。難病で苦しむより、物や金のない苦労のほうがよいでしょう。

小さな器には、わずかのものしか入らないんだから、徳の薄い道中は、健康で通る徳だけ入れるんですヨ。徳ができたら、ちょうど器が大きくなるように、物にも金にも恵まれる日がきっと訪れてくるからネ。とにかくいまは、人をたすけさせていただいて、ひたすら徳を身につけていくことです。分かったネ」

教会の奥さんの、母に対する言葉であった。わざわざ貧乏人を選べというところに、導く者のつらさとえらさが同居していたのである。

再婚する日を待っている鈴ふりの男。

貧乏人なら再婚しようとする病みあがりの女。

この二人が、やっと天下晴れて結ばれた。その日から十月十日《とつきとおか》も経《た》たないで生まれたのが、この私である。よりにもよって情けない父と母とを、結果として選んでいるのであるが、しょせん親を選んで生まれてくる子供はない。まさしくあなた任せの人生である。

しかし、

父の許《もと》から逃げ出した先妻が、一瀬家の悪いんねんを同時に持って出てくれた。

また、追い出すように実家に帰された母は、悪いんねんを先夫の許に置いてきた。

両方とも泣く泣く引きさがったところに、双方の前生の借りが相当程度返済された……、と私は読んでいる。

〃もと木にまさるうら木がある〃

と母はよく言っていたが、まんざら、やせ我慢ではなさそうだ。

それにしても健康を回復した母には、生涯かけて人をたすけさせていただこうという意欲と、自分自身は決してぜいたくをしないという心が残った。そうして、もはや運命のいたずらと愚痴《ぐち》をこぼしたり、「落とし穴」に落ちこんでしまったと絶望したりするような〝他人恨み〟の心は、すっかりなくなってしまった。どんな嫌なことが見えてきても、聞こえてきても、〝わが身恨み〟と悟って、自己の成人をはかる心が宿された。まさしくみかぐらうたどおり、

　　やまひのすつきりねはぬける
　こゝろハだん〱いさみくる　（四下り目　8）

という実証を得たのである。全快の喜びが、そのままのスピードを伴って、後半生のスタートを切った。後年、母は教会を設立するようになったが、いまとなっては肺病も黒ソコヒも痔瘻も、また離縁された先夫も、あのことがあったからこそという感謝の対象として昇華されている。

(2) 子供も選べなかった

親は先にこの世に生まれたのだから仕方がないとしても、わが子ぐらいは自分の自由に選べそうなものではあるが……。

現実には、生まれてくるわが子の顔を描いた者もなければ、能力や体質、性格などを定めた者もいない。

〝男の子でした〟

〝女の子だったのヨ〟

と、お産してから初めて確認できるのであって、〝私の子供ですヨ〟といってみても、その呼吸や体温など、一切はまったくあなた任せである。かけがえのないわが子であっても、その大切な生命を、まさかのときには親でさえ守りきることはできない。

まさしく授かった子であり、預かった子供であるから……。

1　事故を免れた娘の命

母は、わが子と思った一人娘に先立たれ、子供もまた、やはり与えられたものであったことを、がっちりと悟らされたのである。

話はさかのぼって、昭和四年秋のある日。

当時、小学校三年生の私は、一年生の弟や近所の腕白《わんぱく》坊主たちと、商店街の向こう側で縄跳びをしていた。その様子を店先で見ていた二歳の妹が飛び出してきた。

運悪く宣伝のための自動車が十数台、列を作って横切った。妹は出鼻を挫《くじ》かれて、一台、二台と数台は待ったが、年のいかない悲しさで、ついに待ちきれなくなって走り出た。とたんに何台目かの自動車の下敷きとなってしまったのである。さっと路上は黒山になった。母はびっくりして人垣を分けて、車の下にもぐりこんだ。

あー、何という奇跡であろう。妹は前後のタイヤの間から這《は》い出てきた。かすり傷一つなかった。ちょうど、この日は一瀬家の講社祭の日であった。

父は朝から「早く店先の整頓《せいとん》をしろ」と言うし、母は「神様のご神饌《しんせん》を先にする」と言うし、そのために両親が口喧嘩《げんか》し、家庭内は低気圧でおおわれていた。しかし、たったいま、不思議に妹がたすかったので、日ごろ信仰心の弱い父も、このときばかりはご神前で平身低頭の姿であった。

程なく教会の皆さんがお見えになった。

「大難は小難、小難は無難でと仰せられているでしょう。下手《へた》すると、この娘《こ》はとられてしまいますヨ。あなたが持っていた悪いんねんを、もう一度思い直してごらん。肺病に痔瘻《じろう》に黒ソコヒ、それに加えて離婚、産んだ子は引き離される――そんなところを親神様の親心で、きょうまでお連れ通りいただいているのです。きょうの事故は、けが一つなかったと安心してはいないで、今度という今度こそ人だすけの道を学ぶために、六カ月間の修養にご本部へ行ってらっしゃい。三人の子供が、三人ともすくすく伸びるというような徳は、まだないでしょうネ」

かすり傷一つしなかったので放っておけばいいものを、わざわざおせっかいを焼かれるところに、たすけ人としての教会の奥様の慈悲がある。まったく他人《ひと》思いの情の深い人は、たしかにおせっかい焼きである。

母は、六カ月間の天理教校別科（修養科の前身）に入る心を定めた。奥様は喜んでお帰りになった。ところが出発が迫って、父にその由《よし》を頼んだところ、猛烈な反対を食ってしまった。

「子供が自動車の下敷きになりながら、無難でたすかったのはありがたいけど……。しかしお前、よく考えてみよ。六カ月もの長い間、店や子供を私だけに任せておいて、それでやっていけると思うか。子供は食わさねばならん、学校へもやらねばならん、炊事も洗濯もみな、私がせねばならん。神様が食わせてくれるもんか、学校へやってくれるもんか。いくら神様だって、そんなことができるはずがないじゃないか。無理しないでも行けるときは来る。今度ばかりは行っちゃダメだ」

なるほど父の言葉も、ある程度すじが通っている。とうとう母の門出を祝う教会のお赤飯もお頭付きの魚も、待ちぼうけのまま終わってしまった。

程経て母は、教会に通われている信者さんの一人から、会長さんの陰の声を聞いた。

「おはなさんは、信仰は長いけど、信念のない人やなアー」

という言葉であった。母は難病を患《わずら》い離縁となった機会に信仰し始めて、はや十年になっていた。

〝六カ月の別科に行けなかっただけで、なぜ信念がないと言われねばならないのでしょう。信念は人一倍持っているつもりであったが、その信念とは一体何でしょう?

――〟

と、信念について考え続けた。

ちょっと横道にそれるが、母がもし、この陰の言葉を悪口と取っていたら、今日の成人した姿は得られなかったであろう。

たとえば他家によばれて、魚をご馳走《ちそう》になったとする。そのとき骨は先方に残して、魚の肉《み》だけ頂いてきたら、〝おいしかった〟とも言えるし、食べたものが身につく。

それを、肉のほうは先方に置いておいて、骨ばかり頂いて帰ったら、〝まずい〟ばかりか、多少のカルシウム分は入るとしても、あまり身にはつかない。

他人の言うことすることを、いいほうに取れば、自らの心は太るし人生は豊かになる。その反対に悪いほうにばかり解釈するときは、先方ではなく、自らの心がやせ、運命が下がっていく。勇んで登り坂にあるときは、何事もよく取れる。姑《しゅうとめ》や夫や他人のすることなすことが、悪いほうにばかり取れるときは、自分は下り坂にあると気をつけねばならない。


さて、年が明けて間もなく、私は二人乗りの警察のサイドカーにはねられた。私の帽子だけが三十メートルほど先に飛んだが、私の体はやはり大したけがはなかった。度重なる事故の連続が、抜きさしならぬ先々の運命の警笛であろうとは……。

昭和六年八月。

「山田の中の一本足のかかし……」

と元気よく歌を歌っていた妹が、昼過ぎから高熱でグッタリとなり、医者に診せたところ、医者は「疫痢《えきり》の疑いがあるから、十分冷やすように」と注意して、「これから実家の法事に行かねばなりませんので、明朝一番で来ますから……」と言葉を残して帰っていった。既に寿命の切れているときは、親神様は医者さえ外《はず》されていたのである。

私の両親は、氷枕や氷嚢《ひょうのう》を準備して、一晩中寝ずの看病に当たった。が、病状は急転直下悪化して、翌朝、病院にかつぎこんだとたん、息を引き取ってしまったのである。

たった四歳、あっけない生涯の幕切れであった。

母は、いまはもう血の通わなくなったわが娘の遺骸《いがい》に薄化粧をし、まるで人形のようになった可愛《かわい》い顔をシミジミと眺《なが》めながら、

「お母ちゃんが悪かったのヨ、許してネ。しかしチイちゃん（妹の名）は寿命が短かったけど……、よくぞ親孝行をしてくれたネ。

蝶《ちょう》や花と言うも息一筋が蝶や花である。　（おさしづ　明治27・3・18）

と親神様がおっしゃっているが、今度という今度こそ、本当に分かったワ。人間がいくら食べさせたい着させたいと思っても、神様から見放されたら、もうどうすることもできない。商売が繁盛したら、金や物があったら、人間は育つというのでは決してない。やはり神様が生かしてくださっているんだったネ。

三十になっても、四十になっても、親孝行のできない人がある。何の効能も残さない人が多い。チイちゃん、お前はわずか四歳だったが、よくよく効能を残してくれたネー。もうお兄ちゃんたち二人は、絶対に死なさないヨ。それどころか、これからは、きょうのことを生かして、お母ちゃんは真剣に人だすけをさせていただくワ。

ありがとうネ。喜んで親神様の懐《ふところ》にかえるのヨ」

言い終わって、母はその場に泣きくずれたが、ささやかな野辺の送りを済ませると、父の出かけた留守中に、黙って家を出、次期の別科に入ってしまった。

人間というは、身の内神のかしもの・かりもの……。　（明治22・6・1）

このお言葉は、その後の母の生涯の、牢固《ろうこ》として抜けない信仰信念となったのである。


母が、芦津《あしつ》詰所から別科に通っていることを知った父は、

「帰ってこい、帰ってこい」

と矢のような催促をしたが、母は一向に動こうとしなかった。父は戦法を変えて、

「休暇をもらって、しばらくでいいから店を手伝ってくれ」

と手紙に託した。舞鶴港に日本海軍の連合艦隊が入港し、水兵などがどっと上陸してくるからであった。このときなどは、舞鶴は一気に活気づき、商人はみな商魂たくましく売り上げの上昇に血眼《ちまなこ》になるのであった。


父から来る次々の便りを、別科の先生に見せ、そのつど母は指示を仰いだ。

「一瀬さん、あなたの心がぐらぐらしているから、そんな誘いの手紙が来るのですヨ。ドンと心を定めて、絶対に動かないとなれば、そんな手紙には縁がなくなります。しっかりした心定めが、あなたにできていないんですネ」

とのことであった。

こうして母は、六カ月後の修了式まで粘りぬいて、つつがなく舞鶴の店に帰ってきた。私から見る母は、別科に入る前と、大きく変わっていた。〝神様〟〝神様〟という言葉が、やたらに多くなっていたのである。

朝、目を覚ますと、

〝神様のおかげ〟

学校へ行こうと思うと、

〝神様のおかげ〟

お客さんがみえると、

〝神様のおかげ〟

何でもかでも神様であり、神様のおかげであった。もっとも人間そのものが、親神様によって生かされ守られているのであるから、人間の営み全体に〝神様のおかげ〟があるわけである。この世における人間の生活一切は、神人共同作業となっている。

しかも人間は一分《ぶ》か二分で、神様が九分か八分なのである。

母が口癖《くちぐせ》のように言う〝神様〟〝神様〟によって、私はいつの間にか、神様はあると思うようになり、神様は見抜き見通しだからということを感じるようになった。

道徳に基づく行為から、誰《だれ》が見ていようが見ていまいが、神様の教えを定規《じょうぎ》として行動する人間へと成人したのである。少なくともその素地が、このころからようやく形成されたと思うのである。

2 子なしの運命

たった一回の、それも三時間ほどの見合いで、戦争末期、私は家内と結婚式に臨んだ。厚化粧した彼女の花嫁姿を、私はチラッチラッと眺めながら、もしかしたら替え玉ではないかナと、そっと思ったほどである。

純然たる見合い結婚で、その後のデートもなかったため、静かに歩み寄った新婚生

活も、いつしか十カ月を過ぎたある日のこと、家内のおばあさんから、
「お前さんたちには、ひょっとすると子供は授からないかもしれませんヨ」
と言葉をかけられた。顔だけは平静を装《よそお》っていたが、私の心には、この言葉は五寸釘《くぎ》であった。十カ月の間、妊娠の気配もなく、私たち自身がその不安を感じかけていた矢先でもあったから……。

なるほど私の祖父には、若いころに娘五十人切りの武勇伝があったそうである。したがって子種を無雑作に方々まいているに違いない。実のところ、私の母も、すんでのところで堕胎されるところであった。闇《やみ》から闇に葬《ほうむ》られるところを産んでもらったわけである。

その上、母自体がわが娘を捨てている。難病のために見切りをつけられて、協議離婚の憂き目に遭《あ》ったが、そのためまだ産んで間もない赤ん坊を先夫に奪われ、泣く泣く引きさがったのである。もし、いまでも命があったら、私の義理の姉になるのであるが、かわいそうに乳房を離され、育つ力を失って夭折《ようせつ》したそうである。

この祖父の孫であり、この母の子が私である。してみると、この祖父と母の姿は、とりも直さず私の前々生および前生の道すがらであったと悟られてくる。やはり子供を粗末にしてきた長い道中があったに相違ない。

大切にするものは長く持つことが許され、粗末にしたものは早く欠けるのが天理である。短命な親を持って泣かねばならない子供は、前生で親を粗末にしてきたのであり、つれ合いに先立たれて、ひとり寝の寂しさを味わう人は、やはり前生でつれ合いを大事にしてこなかった通り返しなのである。

神は親であって、その子がオモチャでも大事にしていると、次のもっといいオモチャが与えられるし、粗末にしていると、次はなかなか与えられない。

こんなふうに考えてみると、私たち夫婦に子供が授からなくなっても仕方がない。まして家内の系統にも子供を粗末にした道があるのだから……。

私は、このおばあさんの許《もと》を辞しての帰り道、ふと万葉集の一首を思い浮かべた。

銀《しろがね》も金《くがね》も玉も何せむに　まされる宝子にしかめやも

どんな金銀財宝も金殿玉楼《きんでんぎょくろう》も、子宝には遠く及ばない。子供を持たない者は、夫婦として人並みとはいえぬ。このように反省とさんげが深くなるにつれて、道行く子持ちの親が、誰《だれ》も彼も私より偉い人に見えてきた。私の心は、まるで額を地面にすりつけたいほどとなった。

私は、私の持ち物一切を誰かに使ってもらおうと決心した。〝私たちは夫婦のカスである〟と自覚してしまうと、心は至って楽になった。執着心はあっさりと離れた。帰宅早々、私のものも家内のものも、すっかり親神様にお供えさせていただき、二人とも着のみ着のままの姿に返った。

やがて結婚一周年の記念日がやってきた。ささやかながら、いつもより多少上等のご馳走《ちそう》を並べて、お膳《ぜん》に向かっていると、隣の家の女の子が、

「お父ちゃん、だっこ」

と言って笑いながら部屋に入ってきた。見れば座布団を丸めて紐《ひも》で結び、まるで大きな赤ん坊をかかえているようであった。いつもは私のことを〝お兄ちゃん〟と呼ぶ子

であり、また小さな人形ばかりで遊んでいる子である。いま、わざわざ〝お父ちゃん〟と言葉を変えて呼び、赤ん坊大の人形を持ってきたのである。

〝こりァ、子供が授かったゾ〟

と、とっさに私は思った。しかし母は、

「一年経《た》っても子供が授からないようなお前たちは、親になる資格がないんだ。もっともっと誰にでも彼にでも親心を使える人間にならんといかんのだヨ。座布団なんかで喜んでいてどうする」

と、私たちにどぎつい言葉を投げかけた。せっかくの一周年のご馳走もすっかり色あせてしまった。母は、私たちが二人とも裸になった真意を知っていなかった。筍《たけのこ》生活の当時、神殿普請の費用の足しに、衣服類をすっかり脱いでしまったぐらいに思っていたに過ぎなかった。

「お父ちゃん、だっこ」は、はたせるかな、親神様のお知らせであった。それから八カ月後、長男が誕生した。指折り数えてみると、柳行李《やなぎごうり》を傾けたころに家内は妊娠したような計算になる。

子なしの運命の持ち主であった私たちが、わずかばかりの心を定め、売りさばいた衣類代を人だすけに回したおかげで、子を持つことを許された。こんな大きな幸せを手にすることができたのは、まさしく親神様の親心によるほかはなかった。その後、二男、三男、四男、五男と授かって、最後に女の子まで頂いたのである。

おふでさきに、

心さい月日しんぢつうけとれば
どんなたすけもみなうけやうで　（八　45）

というおうたがある。私たちお互いは、みな人間として未熟な成人段階にあるが、未熟なりにでも真心いっぱいに通ったとき、親神様は、それを十分のものと受け取ってご守護くだされる。私たちは、そんなありがたい世の中に住まわせていただいているのである。おさしづに、

子多くて難儀もある、子無《の》うて難儀もある。　（明治21・2・15）

と仰せられている。子供が宿り過ぎて困ったり、子供が授からなくて苦しんだり、やはり親神様のお働きは、人間以上、人間以前のものとしてあるのであって、人生の出発も終着も、ただただ親神様の掌中《しょうちゅう》にある。

3　長男の自覚

なるか、ならぬかは、先々のことで分からないが、将来は〝日本と外国との懸け橋になりたい〟という夢を持って、二男はハワイ大学に留学した。そのあとを追うようにして、三男もまたハワイ大学に学びたいと言いだしたある日のこと、長男が私に、

「お父さん、本人の希望どおり、何とかなるんだったら留学させてやりなさいヨ。弟や妹の五人が五人とも、どんなに遠くへ離れたって、長男の僕だけは、ガッチリお父さんやお母さんの許《もと》で頑張りますから」

と言ってくれた。涙の出るほどうれしかった。とっさに思い出したのが、長男の妊娠

中のことであった。

私たちが結婚一周年を迎える前後から、男まさりの母が、ドシドシ家内に強い風を当てるようになった。その風にあおられ、家内は毎日、言いしれない苦労をしていた。

昼間はなんとか右往左往しながらも、我慢して母に仕えていたが、家内は毎晩、流す涙で枕辺を濡《ぬ》らした。嫁姑《しゅうとめ》の中に立って、私も懸命に両方に立ち回ったが、立ち回れば立ち回るほど、結果はいつも失敗に終わっていた。陽気ぐらしの雛型《ひながた》家庭とならねばならない私たちが、そのためにお互い同士、はれものにさわるようなビクビクとした時を過ごした。暗く冷たい空気が教会全体をおおっていた。

このまま不足や不満が積もっていくと、母か私か家内か、誰《だれ》かが病気をするようになるのではないかと心配が募ってきた。

〝仲の悪い鳥が、一つの箱の中にいると、どちらかが傷つくだろう。しばらく籠《かご》を分けて育てるしか方法はない〟

と私は考えついて、家内を連れて親許から出ようと、ひそかに計画を練った。母を弟に任せて別居しようと決意したのである。

どうせ別居するなら、母と同じ道を通ろう。母は布教伝道ひと筋に今日までの道をたどったのだから、私も他の職業につかないで、布教伝道一本の生活をしてみようと誓った。その道すがら、〝できない嫁と思ったが、よくやっているナー〟と母に思ってほしかったし、〝きついばかりの姑と思ったけど、よくこの道を通って、人を育ててこられたネ〟と家内に見直してほしかったからである。

私の心底は逃避ではなく、しばらく冷却期間を置いて、やがてはこの問題を解決しようとはかったのである。

私は、そっと沼津《ぬまづ》の信者の家まで行って、雨露をしのぐだけの部屋を探してほしいと依頼した。その信者さんは、正真正銘の布教伝道と思って、快く引き受けてくださった。

「あなたたちのお父さん、お母さんに、うんとお世話になった私たちです。若先生ご夫婦に力をお貸しできると思うと、うれしくてなりません。これでご恩返しができるのですから……」

とおっしゃった。横浜の暗い空気は、沼津まで伝わっていなかったし、そんなことまで、ここで説明する必要もなかった。

それから三日ほどして、

「あなた。もう部屋が見つかっているのじゃないかしら……。もう一度沼津まで行ってくださらない？」

と切ない面差しで、家内が私に言った。

「そうだナー。お前、一ぺん行ってらっしゃいヨ。部屋は女の領分だからナー」

と答えた。

夫婦は前生と今生を合わせて五分と五分だが、よくできた亭主に、割にできていない女房が組み合わされている場合がある。またその反対に、すごく評判のいい奥様に、案外つまらない主人がついている場合もある。おそらくこうした夫婦は、前生さかさまであったに違いない。今生が六対四なら、前生は四対六というところなのであろう。

主人がよくできていて、いつも就職先は一定しているのに、奥様の出来がさほどではなく、引っ越しばかりをやっている家庭もある。女房がしっかり者で、住所はいつも安定しているのに、亭主が案外で、就職先が始終変わっているという世帯もある。仕事に関することは、主人の役。住まいに関することは、奥様の役。こんな一般論を私は持ち出して、家内を行かせることにした。

教祖は、〝地と天とをかたどりて　夫婦をこしらえきたるでな〟と仰せられた。女は土台で、男は柱とみることもできるであろう。

家内は沼津へ行き、勇んで帰ってきた。すでに部屋は探し求められ、きれいに掃除まで済まされていたのである。

私たち二人は、いよいよ門出の仕度をした。仕度といっても、布教伝道の道を歩むのであるから、着替えだけを持つことにして、それらをトランクに詰めていた。

そのとき、母から声が掛かった。

「二人とも、ちょっと、こちらへいらっしゃい」

と言うのである。どうせ明日は出発する身。最後のご意見をうけたまわると覚悟して、母の前に座った。

「あなたたち二人、どこへ行くつもりなの。一言も私に言ってくれないけど、どこかへ行こうとしていることぐらい分かっているわヨ……。

あなたたちにことわっておくけど、私と嫁と心の合わないうちは、一歩も外へ出てはなりません。仲よくなったら、いつでもどこへでも出してあげます。

仲よくなってからは、千里離れても心は通います。その反対に仲の悪いときに離れてしまったら、近くにいても、ちょっとやそっとに心はつながりませんからネー」

母は、ガッチリと私たちに釘《くぎ》をさした。

〝さすが母だナー。いいことを言うナー〟

私は黙ってうなずいた。

〝そこまで分かっているのだったら、なぜ家内を優しく導いてくれないのだろうか？〟

もとより心の不満は、なかなか拭《ぬぐ》いきれなかった。私は部屋に引き下がってから、家内にこう言った。

「お母さんの先刻《さっき》の言葉は本当だ。私は沼津へと行くのをやめた。お前、ほんとにご苦労だが、もう一度この中を通ってくれ。お前と母と仲よくなるまで、一歩もここを動かぬと定めたから……」

家内はワーッと泣き伏した。

出るに出られず、いるにいられない窮地に追い込まれ、私ははっきりと自分のいいんねんを自覚することができた。ちょうど、つかみかけてつかめなかったウナギの急所をつかんだようなものであった。

父も再婚、母も再婚、再婚同士の長男が私である。家内と結婚して間もなく、私の親しい知人から、「手を出してごらん」と言われて手を広げたとき、「君、再婚の手相だヨ」と言われ、ギョッとしたことがあった。

しかも、母は肺病、黒ソコヒなどから信仰をするようになり、父の親戚《しんせき》には精神障害の人がある。その流れを汲《く》んだ私。肺病で血を吐《は》いて結核病院に送られるか、頭の働きを失って病院に送られるか、いずれにしても生き別れせねばならない運命を持っている。

〝いいんねんなら通らにゃならん、通って果たさにゃならん〟と聞かせていただいているが、そのことを思えば、嫁姑の苦労ぐらい、ありがたいと思わねばならない。大難を小難にしてもらっているのだから……。

嫁姑の問題で、いまのいままで悩んできたけれど、この問題を通してかえってたすけていただいているのが分かった。私が間にいるから、二人の仲が治まるのではない。私がどれほど治めようと努力しても、親神様は倍の力で、悪いいんねんを断ち切ってやろうとされているのだ。もし、ほんとに好転するのを願うなら、〝親神様を動かすこと〟が肝心なのだ。

姑が嫁を、嫁が姑を、夫が妻を、妻が夫をどれほどたすけたいと思って努力しても、しょせん一瀬家の徳にはならない。一瀬家の徳は、他人をたすける真実によってのみ、初めてつくのだ。

〝人をたすけて、わが身たすかる〟

〝たすける理でたすかる〟

ヨシ。沼津まで出て単独布教をしようと、いったんは心がけた私なのだ。この横浜を沼津と思って、明日から一瀬家を親神様にお任せし、内輪《うちわ》のことは心配せずに表に出よう。他家をたすける真心が、親神様のお心にかなうなら、一瀬家に喜びをきっとお返しくださるに違いない。そのときこそ嫁姑が、本質的に治まるときなのだ。

〝親神様、分かりました。ありがとうございました〟

と心底から感謝した。迷いの雲、悩みの霧は次第に晴れて、やがて明るい日が射してきた。

〝お前と母とが仲よくなるまで、一歩もここを動かぬと定めたから……〟と誓った当

時、お腹《なか》の中にいたのが長男である。その長男が、

「弟や妹の五人が五人とも、どんなに遠くへ離れたって、長男の僕だけは、ガッチリお父さんやお母さんの許で頑張りますから」

と言ってくれたのである。

妊娠中の私たちの心が、これほどまで鮮やかに子供にうつっていようとは……。

最終的には見事にたすかったことに気がついて、深く感泣したのである。

4 十七年前の妊娠中

二男が高校三年になってからのある日、

「いよいよ来年は大学入試だなアー、どこを受験するつもりだ？」

と私が聞いたとき、

「お父さん、僕は将来、海外布教をやりたいと思っています。だから学生のうちにお

ぢばの理を受けておきたいから、天理大学しか受けるところはありません」とキッパリ答えた。東京都内だけでも大学はいっぱいあるけれども、東京にはおぢばがないというのであった。

翌年（昭和四十二年）四月、天理大学外国語学部インドネシア学科に入学した。それから間もなく私は、青年会本部からの依頼を受けて北海道に渡った。周東《しゅうとう》大教会の若先生と一緒であった。

ある教会の客間で、ふと二男の海外留学の夢を、この若先生に話したのが縁となって、インドネシア学科を一学期修めただけで、その年の夏、アッという間にハワイに渡り、ハワイアン・ミッション・アカデミーで一年、耳からの英語を主として学び、ハワイ大学へと進んだ。若先生の奥様の里である太平洋教会にお世話になることができ、その会長さんがスポンサーの役を快諾してくださったおかげである。

それにしても、この北海道行きに、数ある天理教人の中で若先生と私が組み合わされたからであって、いま考えてみると二男が海外へ行けるいんねんがあったからだと悟らざるを得ない。

その後、太平洋を飛び越えて、二男からの航空郵便が投函《とうかん》されることが度重なった。故郷への便りは、明るく楽しい文面だけにしぼられていた。つらいこと、苦しいこと、寂しいことも時折はあったに違いないが、自らが選んだ留学の道である。私たち両親や兄弟には、決して心配をかけまいと誓っていたらしい。

次々と知らされるハワイからの便りを、文字を拾うようにして読んでいた三男が、

「お父さん、僕もハワイ大学へやってヨ」

と言いだした。しかし学費の捻出《ねんしゅつ》は、私の手元で届く範囲のものではなかった。返事をしぶったまま幾月か過ぎた。

その当時、私たちの上級に当たる庄内《しょうない》分教会は、神殿建築の真っ最中であった。信者という信者は挙《こぞ》って、この末代のたすけ道場に真実を伏せ込んでいた。私たち両親が夢中でこの建築に取り組んでいる様子を、この三男は早くからジッと観察していた

らしい。

「お父さん、お母さん、これ僕の分だヨ。庄内のほうへお供えしてください」

と言って袋を出した。中には百円玉がギッシリ詰まっていた。

「こんなにたくさん、どうしたの？」

いぶかしく思った家内が問いただした。

「心配しないでヨ。悪い金じゃないから」

三男は言おうとしなかった。

「そんなら言ったっていいでしょう？　何も隠す必要がないじゃない」

重ねて家内は追及した。

「いいじゃや。持っていってくださいヨ」

やはり三男は、その内容に触れることを極力拒んだ。とうとう言わねばならない羽目となって、しぶしぶ口を切った。

「僕、弁当を持っていったときはそれをお昼に食べたけど、お母さんが忙しくて弁当を作っている暇のないとき、パンや牛乳代としてもらった金を貯《た》めていたんだヨ」

「えっ？」

思わず私も家内も涙ぐんだ。

「お前、育ち盛りの高校生じゃないか」

私はそれ以上何も言えなかった。

「ちっとも気がつかなかったワ」

家内も黙ってしまった。

幾月もの間、三男は自ら決意して昼を抜いていたのである。水でお昼をごまかして、午後の授業を続け、クラブ活動を終えて教会に帰宅するのは、いつも暗くなってからであった。

わが子ながら、余りにもあっぱれな行為に言葉を失ったまま、その袋を押しいただいた。

しかし、それは私たち親から強《し》いた道ではなく、自ら学びとった教祖のひ、な、が、たの一端である。三男にとっての昼の時間は、決して寂しい苦しい時間ではなく、むしろ全校生徒にただ一人の、誇りに満ちた感激の時間であったに違いない。

それから間もなくであった。海外布教伝道部（現・海外部）と一れつ会本部から、「弟さんのほうも、そんなにハワイ大学に行きたいのなら、ハワイ伝道庁に送ってあげなさいヨ。留学のための費用一切はこちらで引き受けますから」

ということになって、高校を終わるとすぐ、ホノルルに向かって羽田《はねだ》空港を飛び発《た》った。

二男、三男揃《そろ》って海外渡航できるとは、まったく夢のまた夢としか思えなかった。

よくよく思案すると、二男も三男も、私たちが親許を離れた単独布教先で生まれた子供である。

二男のお食《く》い初《ぞ》めは、ご本部の南礼拝場の片隅《かたすみ》でさせていただいた。詰所で頂いた飯粒を赤ん坊の口に入れ、家内と深々と頭を下げただけで、あとは何一つしてやれなかった。

「妊娠中、炎天下をあまり歩いたので、お前の肌が黒くなったヨ」

と、兄弟の中で一番色の黒いのを弁解した昔が懐かしい。

その後、布教先で教会を設立することができるようになり、ご本部から拝戴《はいたい》した親神様のお目標《めどう》様を私が手にし、家内が教祖のお目標様を捧持して上級教会の順序を回ったが、三男はちょうど、そのころお腹の中にあった。もったいなくも、教祖のお目標様で頭を撫《な》でてもらった栄《は》えある子供である。

二男、三男が共に親許を離れ、遠くハワイ大学に学び、海外への夢を託せるのは、私の配慮や本人の意志であるよりも、魂のいんねんによるものではないだろうか。

二男が羽田から発ったあと、私は一、三、五は近くに置いて、二、四、六を出そうと計画した。つまり、二男の次は、ハワイならずとも四男を、それから、いずれは嫁に出る六人目の長女を、と。ところが人間的なはからいは簡単にくずれてしまった。

二、三と故郷を遠く離れてしまったのである。

〝子供の教育は三歳までに〞と世間でこのごろ言われているが、その時点では既に遅い。親神様が創造される妊娠当初、あるいはそれ以前から始められなければならないものと、私は思っている。

(3) 兄弟姉妹となっていた

親を選ばないで生まれた子に、兄姉があった。弟妹ができた。切っても切れない絆《きずな》が、親を媒介として結ばれていた。それは自分の意思や選択以前のものであった。

またあとになって、義姉や義弟も加わった。義姉弟となることがいやな場合でも、自分の都合から兄の心を変更させることもできなかった。やはり結果としては組み合わされた関係であった。

この間柄に顔をそむけると、親に喜びを与えることはできない。また、わが子の住む世界までも狭くする。

なまじっか兄弟姉妹であるために、劣等感でくずれる者もあれば、裁判沙《ざ》汰《た》となって、血なまぐさい争いを起こす者さえある。

組み合わされたこの血縁関係を、なんとかスムーズに保ちたい……。

1　家出した姉から弟へ

私の家に預かったばかりの少年は、まだ十六歳であった。口喧《やかま》しい実父と、なさぬ仲の養母から逃げようとして家出した先が、私たちの教会の信者の家であった。その紹介から、私がしばらく面倒を見ることになったのである。一週間ほど経《た》ったある夕刻、その少年はうれしそうに帰ってきた。見れば大きな風呂敷《ふろしき》包みを抱えている。

「僕、姉さんからいいものをもらってきた」

私が、

「よかったネ。何をもらったの？」

と聞くと、

「ウン、ズボンとシャツだい」

と答えた。

「そうか、お前、いい姉さんがあって幸せだナー。ちょっと見せてごらん」

という私の言葉より早く、その少年は風呂敷包みを解いて広げた。

〝何だ！　この柄は〟

もう少しで、こんな声が出るところであった。いい布地の高価そうなズボンとワイシャツであったが、そのワイシャツには赤青の大きな縞《しま》模様が染められ、まるで競輪選手のユニホームみたいなものであった。ズボンもこれに負けず劣らずで、チンピラ風情《ふぜい》まるだしの柄物であった。両方とも少年が身につけるような品物ではなかった。

「君の姉さんは、いま、どんな暮らしをしているの？」

私は思わず尋ねた。

その少年の話では、姉さんは今年ようやく二十一歳で、やはり継母《ままはは》を嫌って早くから家を外にしていたとのことである。若い娘にとって世間の風は、いかにも冷たい。流れ流れて、いまではあるアメリカ人と同棲《どうせい》し、瞬間的な快楽にふけっているのであった。

多少曲がりかけたこの少年が、ねだった品物であったかもしれないが、それを説得してでも、もう少し普通の青年が着るようなワイシャツとズボンをあてがってくれたらよかった。弟も弟なら、姉も姉だと私は心からがっかりした。姉の生活環境から生まれた趣味で選んだものであったかもしれない。いずれにしても姉の善意が、かえって、いつとはなしに弟を不良化への道に誘い出しているように思えて、私はむしろ悲しかった。

兄弟姉妹としての道についてシミジミ考えさせられた、昭和二十五年の東京都立川《たちかわ》市での一齣《ひとこま》であった。

2　義兄に尽くした真実

両親を早く失った青年であったが、姉夫婦の店に長年勤められたのは、不幸中の幸いであった。そうして、この姉夫婦にすすめられ、私の教会にも時折姿を見せていた。丈夫な体を頂いている感謝のしるしとして、月給のお初を親神様にお供えする以外、別に送金するところもなかった。時たま一杯傾ける程度の小遣い銭さえあれば十分であったから、月々のサラリーなど、ほんとの小額でこと足りた。

この青年と姉とは、大して年も違わなかったのに、姉を親のように慕って、純情な勤務ぶりを継続し、この店が伸びることだけを心にかけていた。

そろそろ結婚の適齢期に達しているのに、ほとんど着のみ着のままで満足している彼だったから、同業の店員たちが見るに見かねて、

「義兄《あに》きにかけ合って、普通の月給ぐらいもらえヨ」

と親切な忠告をくれたことも度々あった。また彼としても、働く者の権利が強くなった現代の世相を知らぬわけではなかった。義兄に対しても、別に弱味があるどころか、かえって預金のある立場でもあった。ただ、下手《へた》な欲を出して、余分の小遣いを持ち、そのためにかえって堕落するような道は選びたくなかったのである。

「いらっしゃい、いらっしゃい」

彼のにぎやかな太い声は、明るく店頭に流れ、三才心《さんさいごころ》にふさわしい彼の童顔は、店

に並ぶ品物をいきいきとさせていた。

この商店の真向かいに、やはり義兄名義の加工場があった。この内部を模様替えして、新しい機械を据えることになったが、この片隅に、以前の家主の時代から継続している一世帯が住みついていた。この世帯の人々は、加工場には何の関係もなく、また血縁の間柄でもなかったが、住宅難の折から、いじわるく追い出すわけにもいかなかった。

しびれを切らした義兄は、幸い百メートルほど離れた所に倉庫を建築するチャンスをとらえ、この一隅に台所、便所付きの小部屋をつけ足し、焦げつきになった加工場内の一家族を、ここに引っ越しさせようとしたのである。こんな点は、義兄夫婦もまた随分人のよい証拠である。

間もなくこの普請が完成するという間際になって、弟である彼の縁談が急にまとまった。その噂《うわさ》がこの店先から一ぺんに広がって、結婚祝いの品々がドッと集まった。

それはタンス、茶ダンス、布団、座布団、自転車、時計など、見る間にひと通りはみな揃《そろ》ってしまったのである。親戚《しんせき》からのお祝いも多少あったが、ほとんど同業者、友人、近所などから運び込まれたものであった。彼自身の顔と、義兄夫婦の顔と、両方が効いているのだからたまらない。

木の香の新しい倉庫の一室は、予定変更されて、とうとう新婚夫婦の根城《ねじろ》と定められた。権利金も要らず、家賃も要らず、まるで彼のためにわざわざ建てられたような結果となってしまった。

彼がもし、人並みの給料を要求して、新しい部屋や世帯道具を揃えたとしても、店員の収入でこれだけの価に手が届いたろうか。三才心の鮮やかな実りというべきものであった。

彼の献身的な努力、犠牲的な精神は、決して献身や犠牲にとどまらず、みな彼の上にはね返ったのである。姉夫婦に一方的につとめた彼に、預金に大きな利息までついて、親神様が一気に返済された計算になる。

こぢんまりしたこの部屋から、弟夫婦が揃って姉夫婦の店に出かけていく姿を、草葉の陰に眠られる両親が、どんなに喜んでくださっているであろうか。

涙ぐんだ、いまは亡き両親の笑顔が、私の眼に映ってくる。

（4）選んだはずの夫婦

年ごろともなると、知恵もつき常識も育って、異性を見る眼も次第にできてくる。

〝彼となら一緒になってもいいワ〟

〝彼女とどうしても結婚したい〟

などの判断があって、やがて〝二つ一つ〟の夫婦生活を営むようになる。

最初の出会いの相違から、見合い結婚だの恋愛結婚だのと取り沙汰《ざた》されるが、意思のない人形のように、初めからいやな相手と無理矢理夫婦にさせられることは、今日ではもうほとんどない。程度の差はあっても、相手に対する愛情がはたらいたからこそ、偕老同穴《かいろうどうけつ》を誓って世帯を持ったはずである。

それでもその後の二人の間に、いろいろな波風が立ち、離縁に至るケースも多い。たしかに妻を、夫を、自分で選んだはずであるが……。

1　妻は、いま統合失調症

三カ月のご本部の修養科も半ば過ぎたころ、ある青年が私のところにやってきた。

「正直に言ってしまえば、家内は精神障害です。僕は七年間も一方的にこの家内をみてきました。いくら何でも、もうこれ以上はできません。別れちゃいけないでしょうか」

今生の外見だけを見れば、もっともな話である。よくいままで我慢してきたと、むしろ賞《ほ》めたいくらいであった。年は三十五歳、見るからにたくましい体格の持ち主である。

「この間、家内を病院に送ったり、わが家に連れて帰ったり、まったく大変でした。昼日中に素っ裸で飛び出したこともあります。また線路の上をフラフラ歩いていたこともあります。ほんとにお話になりませんでした」

彼は涙ぐんでいた。

「家内との間に、子供一人が授かったばかりに、何とかしてよくなってもらいたいと思って、いろいろ手を尽くしてきましたがネー。すべてはもう終わりです。僕はすっかり諦《あきら》めました」

私は、その言葉をさえぎって、

「あなたはその奥さんと、どんな結婚をしたのです？」

と、不審に思って尋ねた。

「実は僕、実家の三男坊です。農業がしたくて家内のところに養子に入ったんです。結婚当初には、もちろんそんな病気は家内にありませんでした。その代わり、たった一人の弟が知的障害で、結局、親のあてにならない。そこで僕が姉婿《むこ》に選ばれたわけです。

間もなくその義弟は亡くなったのですが、すると今度は家内が患ったのです。まるで義弟と入れ代わりで、義弟の頭が家内にとり替わったような具合でした。

そんなわけで、家内との満足な夫婦生活は、ほんの一年半ぐらいだったでしょう。

生まれたばかりの赤ん坊のおむつを取りかえるのも僕の仕事になり、洗濯なども、いつも僕がやります。

それからは、何もかも第一には子供のため、第二には義父母《おや》のためと思って、すっかり自分を犠牲にしているうち、とうとう七年が経《た》ってしまったのです。私が実家に帰ってしまえば、子供がかわいそうだし、そうかといって子供を連れて帰ってしまえば、義父母は孫がいなくなって嘆くだろうし……。

いっそ別れようと思いつつ、本当はどうしていいか分かりません。実はこんな悩みで修養科に入ったのですが、先生、僕は一体どうしたらいいのでしょうか?」

見るからに実直そうな彼の風貌《ふうぼう》には、悪戦苦闘の長い過去が、はっきりと刻みこまれていた。私は安価な同情を捨てて、厳然たる親神様の取次人としての座に心を置いた。

〝成ってくるのが天の理〟

とお言葉にあるが、一見この哀れな姿の彼に、真実のたすけを急がれる親神様のご慈悲が秘められていることを、私は直感した。
「七年間じゃ、もうちょっと足りないんだろうネ。あなたは、きっとその奥さんに、前生で十年も十五年も一方的に看病してもらったのではないでしょうか。おさしづに、

　これ夫婦いんねん見て暮らす、見て通るいんねん、よう聞き取れ〳〵。

（明治24・3・22）

とありますが、夫婦はちょうど合わせ鏡のようなもので、いんねんあればこそ、偕老《かいろう》同穴《どうけつ》の契りが結ばれるのです。前生は、あなたのほうが精神障害か肺病であったのでしょうネ。私はそのように悟ります。

　きのう働いた人は、きょうは休む番、きのう怠けた人は、きょうは働く番というようなものです。あなたのいまの状態は、前生の恩人に恩返しをしている道中とみるべきでしょうネ。いわば借金払いのできる願ってもない絶好のチャンス。それをすっかり払い終わったら、何らかの形であなたは本当に救われることでしょう。とにかく、結果は親神様にお任せし、面倒のみれる限り、もう少し奥さんに尽くすことですヨ。

余れば返《か》やす、足らねば貰《もら》う。平均勘定はちゃんと付く。（明治25・1・13）

と親神様が仰せられております。どうか返済の道中と思って、いままでの道を勇んで通ってください。どうせたどるのですから、真剣に勇んで通ることでしょうネ。

もし、このままあなたが前生の借りを返しきらないで、実家に帰ったとしたら、その分だけは可愛《かわい》いあなたの子供に残ってしまいます。せっかく望みをかけた子供が、親の借りを受け継いで精神障害になったり、また、そんな嫁を持ったりしたら、それこそもっともっと切ないことでしょう。いまが人生の岐《わか》れ道です。曲がり角でしょうネ。どちらの道を選ぶのも、あなたの自由ですが、信仰的な見地から、深く深く自分のいんねんの自覚をして、道はたとえ遥《はる》けくとも、親神様の思召《おぼしめし》の道に正しくかけることが肝心だと思います。悟り一つで人生は楽しみになってくるものですヨ。親神様がじっと見守っておられます」

青ざめていた彼の顔に、いつしか赤みが差して、彼は元気よく修養科の宿舎に帰っていった。

（附）

〝人生は今生の一回限りだ〟と思うとき、幾多の処世観の誤りが、そこから生まれてくる。それはちょうど〝今日あって明日ない命だ〟というときに、心に起こる大きな動揺に似てくるのである。たとえば、

一、享楽的な人生観
太く短く、今さえよくばという考え方に左右される。そうしてギャンブルやフリーセックスなどの退廃的な行動に走ってしまう。

二、諦観《ていかん》的な人生観
この世は、どうせはかないものと感じられて、厭世《えんせい》的な気分に打ちのめされ、陰気な境涯に住むようになる。

三、小市民的な人生観
マイホーム主義や核家族主義のように、個人の無力さを感得して、身のまわりの小さな幸せだけを追求するようになる。

四、暴力的な人生観

いまのうちに、どうにかせねばならぬといたずらにあせり、ヘルメット、ゲバ棒、バリケードなどを用い、戦闘的な行為をあえて正当化するようになる。

など。

親神様は教祖を通し〝出直し〟という死生観を教えられた。近視眼的な見方をすれば、私たちに自覚される人生は、なるほど一瞬のように見えるが、実はいままでに八千八度《はっせんやたび》の生まれ更《か》わりを経ているのであり、これからも幾度もこの世に生まれ更わり出更わりするのである。

したがって私たちは、決してここ十年、二十年の一時的な動きに振り回されることなく、百年、千年にわたる親神様の世界秩序に沿い、末代に及ぶ理のある方向に、心の姿勢を正さねばならない。

永遠を貫く羅針盤《らしんばん》の針の指すところを、私たちは決して見失ってはいけないのである。

2　家内との出会い

大東亜《だいとうあ》戦争も、そろそろ敗戦の色が濃くなってきた昭和二十年二月八日——。

私たち陸軍兵器学校技術将校候補生にとって、卒業任官の日を二日後に控《ひか》え、面会または外出の自由な一日であった。

「一瀬見習士官殿、面会です」

と某少尉の呼び声を聞いて、さっそく飛んで行った。そこには着飾った父兄に交じって、母が大きな体を現していた。笑顔と挙手の敬礼で挨拶《あいさつ》を終わって、私は軍刀を鐶《かん》から外し、両膝《ひざ》の間に立てて腰を下ろし、端然と姿勢を正した。さすがは見習士官殿である。

ところが母の第一声に、びっくりした。

「俊夫、結婚したらどうやろうな。きょう見合いに出られないかネ」

母は兵舎の中であることも、まわりに下士官や兵隊たちのいることも、また、きびしい戦時下であることも忘れたように、きわめて自然に、きわめて無頓着《むとんちゃく》に口をきいた。私はあわてた。

「お母さん、ちょっと待ってください。あんまり出しぬけなので、びっくりしました。どうして、そんな話をするのですか」

それはまるで少女のような、日本の将校とは似ても似つかぬ小声の反問であった。

「あのネ、実は私、親神様から妙なお知らせを頂いたのです。随分変な夢だったけれど」

母は、いつもの信仰三昧《ざんまい》の笑みを浮かべて、言葉をついだ。

「三つか四つの小さな可愛《かわい》い男の子がネー、私のお腹《なか》の上に乗っかかってくるのですヨ。そうして変なことをしようとするので、びっくりして目を覚ましたら、ちょうど朝の四時だったのヨ」

「子供の可愛い前のお道具だったから、俊夫はやっぱり童貞だろうネ?」

私は、すっかりてれてしまった。

「まったくこの世ならぬ妙な夢で、私の身に何かあるんだろうかと心配していたら、きのう、ある教会の会長様が縁談を持ち込んでこられたのですヨ。ハハー、ご縁があるのかしらと思ったものだから、ぜひ俊夫に相談しようと思ったので……」

と言うのであった。

「お母さん、もう分かった分かった。あと二日で卒業するんだから……。そんな大切な話はこんな所では具合が悪い。きょうは兵舎でも案内しましょう」

と私は、返事をそらした。

「あー、そうそう」

とようやく気がついたように、母が出した風呂敷《ふろしき》包みには、バカでかいおはぎがたくさん入っていた。二日後の陸軍中尉殿もペチャンコである。いくつになっても親は親。

任官後の赴任先などの話をし、そこそこに母を送り出した。こんな変わった面会日の一齣《ひとこま》を過ごして、二月十日には技術中尉に任官し、私は晴れて校門をあとにした。

謹んでわが家のご神前に任官の喜びを申しあげ、私は卒業任官祝いのお膳《ぜん》についた。このときはもう、いかめしい肩章や軍刀からも心を放して、正真正銘の子として、私は母とくつろいで話し合った。四カ月間のしみついた軍隊生活から、一気に信仰の話題に切り替えられるのは、やはり信仰の家庭に長く育ってきた私の深い喜びであった。

「将来の妻が良くても悪くても、どちらも貴重な体験になります。その体験が将来は、人だすけの綱ともなり光ともなるのですから、信仰を持たせていただいた私は、どちらの道からでもやってみます。

ただ、お母さんがいつも話しているように、ラシャはラシャ同士、木綿《もめん》は木綿同士、ぼろはぼろ同士、双方の徳を見定めて神様が結ばれるのだと私も信じています。お母さん、あまり心配しないで、ご縁のあるなしは親神様に任せましょう」

私も、さっそく赴任せねばならないし、いったん話が始まった以上、どちらかに定めねばならない責任があることを痛感した。

「幸い明日は二月十一日、紀元節（現在の建国記念の日）ですネ。思いきって明日、見合いに行ってきます。私一人でいいですから、先方さんに連絡をしておいてください」と、この話題を結んだ。弟は早くから航空隊に入隊し、海軍少尉となっている。母は、いまはたった一人ぼっちである。せめて妻なりと早くもらって、私の代わりに母の身のまわりの世話をしてもらうことも親孝行になる。しかし一方では、いつ私が戦死して、若い妻を戦争未亡人にするかも分からない。

とにもかくにも、先々のことは人間には分からない。私も母と同様、良し悪《あ》しでなく、縁のあるなしを、今夜中に夢でなりとお知らせいただきたいと、ひたすらご神前に祈って、その夜は床についた。

久しぶりでわが家の布団に入ったせいか、ぐっすり寝こんでしまった。目が覚めたときは、はや六時を過ぎていた。

〝オヤ、夢を見なかったナー。あれだけ真剣にお願いしたのに……。私に夢知らせを受ける徳がなかったのだ。まあまあ約束どおり行ってみよう〟

時間の来るまでゆっくりし、やがて軍服に身を固めて外に出た。

電停で③番の市電を待った。ところが初めて到着した市電が、出入口まで立錐《りっすい》の余地もない超満員電車であった。

〃ちくしょう！　人生の新しい出発だというのに〃

私は、心の中でやきもきしていると、

「あとですぐ来ますヨ」

と心ない車掌の声がはね返ってきた。

〃これは縁のない証拠かナー〃

と思った途端、スーッと角かくしをした花嫁を乗せたハイヤーが、目の前を横切った。

〃アッ、結婚式場へ行く車だ。よくもまあ、こんな静かな通りを、この戦時中に……〃

と思う間もなく、比較的乗客の少ない市電が来てガタンと停車した。私は落ち着いて

その車に乗った。そのとき既に、これから初めて会う女性は、私に縁のある妻だと直

感した。たった一瞬の目撃であったが、この当時結婚式らしい結婚式はほとんどなく、せいぜいあってもモンペ姿の花嫁さんである。角かくしをしていたから分かったものの、現在の平和な時代でも、静かなこの電停前で花嫁さんを乗せたハイヤーを見かけることは、ほとんどない。

ほかの人にはいいか悪いか、これからの問題であるが、私にとっては広い世界にただ一人の最良の妻……。

私はもう、最も親しい人と話し合えるような心安さと楽しみを持って、紹介された教会の門をくぐった。

ご神殿に参拝を終わると、私は会長室に案内された。そのうち、小豆《あずき》色のしぼり模様のついたモンペ姿の女性が、お茶とお菓子を運んできた。色は白くて面長《おもなが》で、パチッとした眼の大きい娘だった。〝きれいな娘《こ》だナー〟と思っていると、

「この娘が窪田敏子《くぼたとしこ》です。どうかよろしく」

と、会長さんが私に紹介してくださった。やがて会長さんから、

「二階へ上がって、二人だけでゆっくり話をしていらっしゃい」

と、ありがた迷惑（？）な言葉を頂いたので、十二畳間のバカでかい机を挟《はさ》んで向かい合った。婦人との対談は、私の家の布教生活で多少は慣れたもの。さっそく私は立派（？）な教理を彼女に取り次いだ。

「私は、きょう、あなたとの見合いに来させていただいたのですが、一つここで結婚条件となるものを考えてみたいと思います。まあ黙って聞いていてください」

出された〝かち栗〟をぼつぼつ噛《か》みながら、まったく遠慮気がねなく話した。第一印象がめでたく合格だったからである。

「第一は健康状態、第二は頭の程度、第三は財産状況、第四は家庭の様子、第五は本人の性格……。

さて第一の健康状態ですが……。

きのうまで健康であった者が、きょうはもう死んでしまっているという人もあれば、

もうあかんかも分からんという重病人がたすかって、その後、長命を楽しむ人もありますネ。だから、あなたの健康状態など調べてみようとは思いません。

第二の頭の程度。

これもやっぱり同じことでしょう。いい頭でも悪いほうに使えば、それこそ危ないもんだし、少々にぶい頭でも神様のお言葉に沿って素直に使えば、いい頭の持ち主以上の働きができますネ。たとえばイロハさえ読めないおばあさんが、堂々と社長さんや重役さんに、ご教理を話しておられるんですから……。

ある先輩が〝神の一言は、世間の千言万言に優る〟と言っておられましたが、その例として〝人間とは何ぞや?〟となると、まったく大問題で、それこそ知者、学者、思想家、科学者など、それぞれの立場から、この人間という課題に取り組み、いろいろと定義をくだしておりますが、教祖は一言で〝人間はすべて親神様の可愛い実の子供である〟とおっしゃっておられます。何とすばらしい一言ではありませんか。私はそう思っています。

それからまた〝人生とは何ぞや？〟となりますと、世間の本屋にある本はみな、この問題を解明してみようと試みられたものといっても差し支えないでしょう。それこそ千言万言どころではありません。それを教祖は、やはり一言で〝人生は親神様の懐住《ふところ》まい〟とおっしゃっているんですものネー。

まあまあ人間の頭の程度や学校の成績具合など、私にとっては調べる条件になりません。

次に、第三の財産のあるなしですネ。

百万の富も一夜の火事で灰になってしまうし、裸、素足で始まった世帯でも、しまいには長者の番付に飛び込んでいく人もある。やはり財産などは、創《つく》るものであり、また失うものであるのですから、いまはさしずめ、どれくらいの財産があるかどうか、聞いてみたって仕様がないでしょうネ。

さて、第四は家庭の状態と、親兄弟姉妹《きょうだい》が何人あるかどうかの問題ですが……。

あなたが教会の娘であるということだけで、もう結構です。粗末にすれば何でも欠けるもので、大切にしたものだけが持つことを許されると聞きますネ。前生に親不幸をしておれば、長く親が持てない、親の短命なところに宿ってくる。女の児《こ》を粗末にしたような家には女の児は授からない。〝どんなオモチャでも喜ばなかったら、今度は親は買わないヨ〟とおっしゃっているんですからネ。これも調べるのはやめましょう。

ともあれ、健康も頭脳も財産も、一切は親神様からのかしもの・かりもので、すべては心一つによって、与えられもすれば、お返しもする。家族だって本人の徳によって、貸していただいたり取りあげられたりする。そんなかしもの・かりものに力こぶを入れて調べるなんて、私はしたくありません。〝心一つが我《わ》がの理〟〝心一つが我がのもの〟と親神様がおっしゃっているのですから、きょうはその〝心一つ〟をまあ調べに来たというところです」

お茶をゴクリと飲み干すと、彼女は丁寧《ていねい》に細い指先でついでくれた。彼女は恥ずかしそうにうつむいているのではなく、顔を上げてニコニコしながら、私の次の言葉を待っていた。

「ところが、その我がのものとおっしゃる〝心一つ〟――それが、たかだか二時間や三時間の見合いで分かるものではありませんネー。私には、そんな神通力《じんつうりき》はありませんから。〝惚《ほ》れて通えば千里も一里〟〝あばたもえくぼ〟になってくる。したがって、実は最後に残ったあなたの心、あなたの性格などを見抜き見通しする力も、私にはありません。してみると、一体きょうは、ここに何をしに来たのだろうと考えているところです」

彼女はカラカラと笑いだした。机の上にあった私の分のかち栗は、とうになくなっていた。彼女は、

「どうぞ私の分を召し上がってください」

と、彼女の手元にあるお菓子皿を、私にすすめてくれた。私は、せっかくついでくれたお茶だからと思って飲み干した。彼女はまた入れなければならないと思って、私の湯のみを満たした。

「しかし、このことだけは、よく覚えていてくださいネ」

と私は念を押した。話題はだんだんくだけ、言葉は次第に和らいでいった。

「きょう私に会って、たとえば、どうしても一緒になりたいなーと、あなたがいま思っても、先々つり合わなくて不幸を見るのだったら、結婚しなかったほうがよかったということになる。またその反対に、ここでいやだナと感じても、縁があって夫婦となり、かえってそのほうが幸福になってよかったということもある。

つまり結婚は長い将来にかかわってくることだから、過去をいくら調べてみても、予想どおりにはなかなかいかない。私にもあなたにも、中年以後の運命というものがあるのだから。結婚運というか、子供運というか、あるいは私たちが持つ寿命というか……、そうした徳分というものは、現在の私にもあなたにも分からないが、神様だけはチャンとご存じのはず。だからこれから一週間、きょうの縁談がどのようになっていくか、しっかり心定めをして、神様に思いきりお供えするなりひのきしんするなりして、成ってくるお知らせを見つめ、神様の思召《おぼしめし》のほどを読みとることが肝心だと思います。

言いかえると、結ばれるべきものなら、結んだほうがよいという方向のお知らせを受けるし、縁がなければ、することなすことがチグハグになってくる。一つ、現在の自分の判断にあまりとらわれないで、冷静に成ってくる理の働きに注意してくださいネ」

いつの間にか、三時間ほど経っていた。

「お邪魔さまでした。さあ帰らせていただきます」

と立ち上がった。玄関へ降りると、彼女は外套《がいとう》を背中から掛けてくれた。これだけ長々と話し込んでも、手を通すのがやはり恥ずかしかった。顔が一ぺんにほてってきた。将校用の白い手袋をはいて、彼女と教会の皆様に挙手の敬礼を贈って、スタスタと門を出た。

その後、母の夢知らせと、私が見た結婚式の車——この二つが、私の心に決定的な結論を与えた。私は、素直に親神様の思召に従って、間もなく結納を納め、戦時中のこととて、見合いから十日後の二十二日、めでたく窪田敏子と結婚式を挙げた。

後日物語であるが、あの見合いの席上で、とうとう私が大きなヤカンいっぱいのお茶をからにしてしまったので、炊事場ではびっくりされたらしい。敏子は、つがないと申し訳ないと思って、私にお茶を入れてくれるし、私はまた、せっかくの敏子の好意だから、十分受けねばならないと思って飲んだからである。

時折、家内から、

「私なんか、あなたから好かれて可愛がってもらっているのではなくて、神様からのお与えと思って愛してくれているんでしょうから、何だかつまらないと思うときがあるのヨ」

とやられる。彼女が人間的な愛情を求めていることは、私にもよく分かる。私だって、いつも神様を間に置いて愛しているのではない。どうやら家内の恋仇《こいがたき》は親神様であるらしい。

「馬鹿言え、神が与えたと自覚するほど、正しく強いものはないんだヨ。このごろの若い人たちのように〝愛情のあるところにだけ夫婦としての存在価値がある。愛情のない夫婦生活なんかは、すみやかに清算すべきだ〟なんて言っていたら、ほとんどの夫婦生活が危なくなってくる。人間思案なんていうものは、弱いもんだヨ」

と、私は懸命に防衛する。家内は、

「そんなこと、分かっているけど……」

と言って、ニコッと笑ってしまう。家内との夫婦生活も、はや来年は三十年になる。いま思い出しても懐かしい、私たちの出会いの元一日である。

3　仲人以上の仲人

「伊佐《いさ》ちゃんの嫁さんを頼みますネ」

と、私は早くから聞いていた。こんなに頼まれなくても、年ごろの青年を見ると、いい嫁さんがいないかと思うし、娘さんと話をしていると、つい頭の中ではいい婿《むこ》さんがいないかナ、と考える私である。

形の上からも、人様のお役に立ちたいと心ははやって、つい縁談や就職の世話をすることも多い。

ある日のこと、久しぶりに久子《ひさこ》さんに会った。その瞬間、私は伊佐ちゃんを思い浮かべ、この二人は似合いの夫婦になれるナと直感した。第六感というか、霊感というか、あとになってみると、やはり、それは親神様のお働きによるものであった。相寄る魂というのであろう。

後日、この二人の結婚式がとり行われ、その披露宴の席上で、私は口を切った。

「本日の仲人をつとめさせていただいた一瀬でありますが……」

こう言いながら、私はここで、もう一言付け加えようかと思ったが差し控えた。それは、

〝本当の仲人は、私たちの背後で働かれている親神様であります〟

ということであった。

「仲人は下駄《げた》三足」と俗に言われている。しかし、この見合い結婚で私はせいぜい四、五回、両家の間を動いたに過ぎなかった。まさしく男女間のちょっとした営みから、目鼻の揃《そろ》った丸々とした赤ん坊が誕生するようなものである。私たちはおかげさまで、と表現せざるを得ない。不思議にまとまって、おかげさまで終わりましたというのが、正直な私の実感であった。

　実は、この伊佐ちゃんと久子さんの見合いが終わり、両方から〝よろしく頼みます〟と快諾の返事を聞いて間もなく、私の母が久子さんの実家のある信州《しんしゅう》に旅立った。

　ところが、事志と違って、久子さんのご両親から、結婚のご承諾を、どうしても頂くことができなかった。悄然《しょうぜん》としては母は横浜に帰ってきた。

「姉がまだ一人でいるのに、妹を先に嫁に出すわけにはいきません」

という理由であった。久子さんのご両親が言われるのも、もっともな話である。妹の幸せはともかく、それが姉の寂しさにつながるともなれば、親心がくだけるのも当然である。

ある家屋の新築落成祝いの掛け軸に、名僧が「親死ね、子死ね、孫も死ね」というような文字を書かれたのは、あまりにも有名で、結局、お姉さんの嫁入りを待たざるを得ないという結果になったのである。

しかし親神様のおはからいは、とうとう母の口を通して私に、

「手紙でもう一度交渉してみてちょうだい」

となって現れた。

とにもかくにも姉のほうはもとより、妹の年齢もようやく結婚適齢期を過ぎようとしていた。ある程度押しの利いた文面を、私は書いた。ついに先方も、私の強引な攻めを了解され、結納を届けさせていただき、結婚式の日取りを打ち合わせて帰った。

ちょうどこのころ、親神様は、久子さんの姉の縁談について配慮されかけていた。それがトントン拍子にまとまって一カ月後、さっさと姉は式を挙げ新婚旅行に旅立った。その結婚式に招待された私は、十日後に迎える久子さんの結婚式に対する一番重

い荷を下ろしてもらうことになった。ホッと空を仰いで、私は人知れず合掌した。人間の私は、久子さんたちの仲人は、よしできたとしても、幾山河を隔てた信州の姉の縁談までも、このような超スピードで運ぶ力はなかったのである。いわば久子さんのご縁を通して、姉たちの幸せを促進させたような具合となった。姉のために、幸福の扉を開く鍵《かぎ》を準備したような結果となった。おかげさまで久子さんの盛儀は一片の雲のかげりもなかった。

信州から消然として帰ってきた母の顔を見たとき、私は〝今度の仲人はむずかしいぞ〟と直感した。それが、よもやこれほど鮮やかに進められるとは！　やはり真の仲人は、親神様であったと悟らざるを得ない。

人知を超えた親心のお働きに、私はいよいよ生きる喜びを深めたものである。

4　をやから預かった妻

毎日々々心にかけて、病床を訪ねさせていただいたおばあさんが、とうとう七十一歳で亡くなった。年に不足はないけれども。せっかく湯を沸かし、顔も拭《ふ》かせていただき、寝床や着物も取り換えて、静かに休んでいただいた前夜の感激も、いまは涙の思い出である。

「きょうまでもったのが不思議なくらいですヨ」

と、お医者さんはびっくりしておられたが、まったくそのとおりで、遺された若夫婦が信仰をある程度学んでいただくまで、親神様がお延ばしくださっていたのだと思い返し、それがせめてもの私の慰めであった。

出棺は翌日の午後二時と定まったので、私はころ合いを見計らって、今生のお別れと思って出かけた。ところが、この葬式に集まっておられたのが、家族のほかは、たった二人のご親戚《しんせき》だけで、コタツにあたったまま霊柩車《れいきゅうしゃ》の到着を待っておられた。

息子さんはもう四十の坂を越しておられ、職人としてはすばらしい腕利きであった。しかし、博打《ばくち》にすっかり身を持ちくずして、家財道具は何もなく、部屋の中はガランとして薄暗かった。その上、埃《ほこり》っぽい臭気が家の隅々まで浸み込んでいた。目に止まるものといえば、玄関兼台所の壊れかけた戸口のそばに、無雑作に置かれた粗末な鍋《なべ》釜《かま》だけであった。

寝たきりのおばあさん、その息子夫婦に孫三人が、毎晩コタツにかけた布団を取り合って寝ているような始末であった。きょうの葬儀の義理で、わざわざ田舎《いなか》から来られた、おかみさんの実家のお母さんこそ哀れであった。

私もしばらく座っていたが、一向にお坊さんの姿が見えそうにない。あまりの貧しさのためお経の一つもあげられないらしい。私は居ても立ってもおれなくなって、葬式は仏式に任せようと思ったいらぬ遠慮を詫《わ》び、急いで近所の教会へ飛んで行った。そうして教服と葬場祭詞を借りて、一目散に引き返した。

ところが、はや霊柩車が到着し、まさに出棺の最中であった。私も手伝って棺《ひつぎ》を車に乗せると、スーッと車は走り出した。

「コリァいけない。おばあさんの肉体は灰にしても、御霊《みたま》まで焼いては申し訳ない。さあ！　いまから急いで葬式をさせていただく。そうしておばあさんの御霊を霊代《みたましろ》にお遷《うつ》し申しあげます」

と、残られた実家のお母さんと、息子さんの姉さんに声をかけた。

祭詞をあらためて書いている暇はもちろんなかった。私は弁慶《べんけい》の勧進帳《かんじんちょう》よろしく祭詞を読みあげ、

「御霊よ、走り行く車から、半紙に書いたこの霊代に帰り給い、静かにお鎮《しず》まりくださいませ」

と、まさに天下一品の葬式を済ました。それでも私のこのとっさの真実を、皆様が非常に喜んでくださった。

夕方になって、

「どうか、何もありませんが一口ご飯でも頂きに来てください」

と、おかみさんがわざわざ訪ねてこられた。これ以上遠慮するわけにもいかず、とうとう出させていただいた。すっかりご馳走《ちそう》になって、酔いもホロッとまわり、皆様にお別れして表に出た。あたりはもう暗くなっていた。少し歩き出すと、おかみさんのお母さんが、ふっ飛んで追いかけてこられた。

「先生、娘の夫があんな遊び人ですから、どうか今後をお願いします。おばあさんがおられるときでさえ、あんな有り様ですから、亡くなったあとは、なおさら注意する人もありません。先生一人が頼みの綱です。少しも遠慮しないで、どしどし婿に神様のお話を聞かせてやってください」

お母さんの目には涙がいっぱいに浮かんでいた。不徳な私にこんな言葉を頂くと、私はもう、一ぺんに一カ月半の苦労が報いられたような気がした。帰り道はただただ涙ばかりであった。

〝女房は煮て食おうと、焼いて食おうと夫の勝手だ。いったん嫁に来た以上は、もう夫のものだから……〟

というような、乱暴な考えは毛頭持ってはいけない。夫の知らぬ間に、妻を育てた親があり、あるいはあったのだ。はや子の親となっている妻でさえ、目に入れても痛くないというのが、その親の気持ちである。

親から預かった妻である。

親から預かった夫である。

この自覚の上に立たねばならない。そうして夫婦として目指す道は、少なくとも、両家の両親の笑顔でなければならない。

さらに百尺竿頭《かんとう》一歩をすすめて、

〝妻は、親神様からお預かりしたものである。夫は、親神様からお預かりしたものである〟

ということを、この日、身にしみて私は学ぶことができた。その後、事あるごとに家内を通し、家内の親の顔が、いつも私の瞼《まぶた》に浮かぶようになった。

(5) 自分自身も選ばなかった

私は生まれてみたら人間だった。男だった。日本人だった。大正時代だった。〃俊夫〃という名前がついていた。みな結果論である。同時に出発点ではあるが……。そこには私の計画、希望などは一切入っていない。

とてつもない考えが時折浮かんでくる。鼠《ねずみ》に生まれていても、猫に生まれていても仕方がなかった。絶望の底にあるとき、ふと、

〃私が牛や馬であったら〃

と思い返して、新しい力が蘇《よみがえ》った経験は幾度もある。

とにもかくにも、いま私たちは人間として生きているのだ。といっても顔形も才能も性格も、大半を持ってきてしまった。スタートのハンディキャップが考えられる。私自身も選ぶことができなかったのだ。

1　三代続いた傷

私がまだ一歳のころである。

乳母《うば》車に乗った私は、通行人にあやされて、とてもご機嫌だったらしい。ところが近所のいたずら坊主がやってきて、ガラガラとその乳母車を押した。工事中の砂《じゃ》利《り》だめのところまで来たとき、運悪く車に石がはさまって、アッという間にひっくり返ってしまった。

父は、血まみれになった私を抱き上げて、すぐ近くの外科医に駆けこんだが、そのときの傷跡が私の額にしるしとなって、一生残ったのである。

不思議なことに、私の祖父にも額に傷跡があり、母にもまた同じような傷跡がある。三代続いた眉間《みけん》の傷である。

母は四歳ぐらいのころ、祖父のあとを追いかけて道路上で倒れ、そのときのけがが残ったものらしい。祖父の原因は、とうとう聞かずじまいに終わったが、三代にわたる深いいんねんの姿を、私は考えざるを得ない。

母は、私が子供のころから、このことについて、よくくり返していた。

「俊ちゃんが持とうと思って持った傷じゃないでしょう。私やお前が持たねばならなかった傷なんですヨ。

忠臣蔵の浅野内匠頭《あさのたくみのかみ》と吉良上野介《きらこうずけのすけ》の話は知っているでしょう。公衆の面前で相手を傷つけたり、赤恥をかかせたり、面子《めんつ》をつぶしたりしたことが、きっと私やお前にあったのでしょうネ。もちろん、それは前生でしょうが、このいんねんをしっかり自覚していないといけないヨ。

だから今生では、その反対にいくら恥をかかされても、顔に泥を塗られても、決して腹を立ててはなりません。むしろ相手を恨《うら》むより、通り返しの道をお与えいただいた、前生の悪いんねんが切れる、と感謝することです」

母のこの言葉がいつも私の心の底にあって、後年こうした場面にぶつかるたびに、私は反対・中傷・罵倒《ばとう》・失意などに強くなることができた。

たしかに乳母車を押したいたずら坊主に残らないで、何もしない赤ん坊の私が、どんなときにも、どんな大切なところへも持ち歩いている私の傷である。

偶然飛んできた石で眼をつぶした、不意に車の事故に遭《あ》って片足をなくしたなどと、一生そのために不自由を味わわねばならない悩みを、ただ偶然と解釈するのではなく、何かしら自分自身が他人に与えた代償と、積極的に受け止めることは、きわめて大切なことではないだろうか。

2　自暴自棄となった男

「息子がいま、留置場に入っています。間もなく仮釈放で出てきますが、これからどうしたらいいのか、ほんとに迷っています」

ある父親から、こんな悩みを私は打ち明けられた。

「この子は初めての子であっただけに、親として可愛《かわい》さいっぱいで育ててきました。

赤ん坊のころから、枕元を歩いていたら誰《だれ》であろうと思いきり叱《しか》り飛ばしました。お鉢のご飯など、一度として食べさせたことはありません。ほしがったオモチャは、街中探してでも何とか見つけて与えてきました。一事が万事で、親として子供になすべきことは、みなやってきたつもりです」

私は聞きながら、過保護のように思えた。

「お父さん、いままでこれだけはされたことがないと思いますが、ぜひやってほしいのです。それは仮釈放で息子さんが家に帰ってこられたら、息子さんを上座に据えて、お父さんが下座からあやまってほしいのです。……」

「ちょっと待ってください。私が上座ではなくて、息子が上座ですか？」

と言葉をさえぎられた。そこで私は、

「えー、息子さんを上座にして、お父さんは下座から」

とあらためて申しあげると、

「そんな芝居がかった馬鹿らしいことはできません。だいたい息子が悪いのですから……」

と答えられた。親としての道に、どこか足りないところがあったからこそ、子供にいらぬ苦労をさせる結果になったのだと、私には浮かんだのであったが……。

「それじゃ、その代わりに留置場から出たところで、一度天理教の本部に行ってきなさいと、お父さんから頼んでみてくれませんか。そこからは私が案内しますから」

と変更すると、

「それならできます。じゃー、そのように息子に言いますから、あとはよろしくお願いします」

ということに決まった。

やがてその日が来て、私は予定どおり、この青年とご本部に帰参した。

神殿、教祖殿、祖霊殿と順次参拝して、宿舎である池田《いけだ》詰所に落ち着いた。

「大分引っ張り回したネ。疲れたでしょう」

と、一服しながら声をかけると、

「先生、ここなら僕、何だか真面目《まじめ》な元の人間にかえれそうな気がします。ここにしばらく滞在することはできませんか？」

と、私に尋ねてきた。

「それなら、思いきって三カ月の修養科に入ってみないか。あなたがその気なら、ここにあなただけ残って、私一人東京に戻り、ご両親に頼んでみるから。それでもあなた自身の手で、一筆その旨をご両親あてに書いてくれないかナー」

彼は快く承知した。そこで私は、便箋《びんせん》とペンを渡したところ、きょうは筆で書きたいと言うので、私は事務所から硯《すずり》と筆を借りてきて用意した。彼は真剣な表情を浮かべて一通の手紙をしたためた。

〝……親不孝した上に、またご両親に苦労をかける結果になって、まことに申し訳ありません。……三カ月間の費用と下着類など、どうか送ってください。……きっと真面目な人間にかえって帰京しますから……〟

文面の内容は、私にとって実にうれしいものであった。そのあとで、

「先生、ちょっとそこまで出てきてもよろしいでしょうか」

と言うので、

「あー、行ってらっしゃい」

と気軽に答えた。ところが出て行った彼は、なかなか詰所に戻ってこなかった。

〝しまった。彼は留置場から出てきたばかりだ。ここからちょっと足を延ばせば、奈良があり京都があり大阪がある。そこには歓楽の巷《ちまた》もあり犯罪の温床もあるのだ。さあ、どこへ行ったのだろう〟

普通のときでないだけに、やたらに私の心配が募った。大分遅くなって、ようやく彼は顔を見せた。私はほっとした。聞けば神殿や教祖殿にもう一度上がって、そこで時間の経《た》つのも忘れて、ジッと座って考えてきたというのである。落ち着いた彼の心境を察して、私は、

「ところで君、一体何をして、あんな別荘に厄介《やっかい》になったのかネー？」

と切り出した。彼は一部始終を告白した。

「実は僕、戦時中は七つボタンの特攻隊員でした。命をかけて国に殉《じゅん》じるつもりでした。よもや日本が敗戦しようとは考えてもみなかったのです。

終戦の詔勅《しょうちょく》を涙ながらに聞いた私は、復員して人生のあり方を探し求めました。いろいろなグループに首をつっ込んでみました。ところが、どこを訪ねても求めるものが得られず、ついに行き詰まって自殺をはかりました。ほとんど人けのない山中で、思いきって薬を飲んだのです。

ところが気がついてみたら、麓《ふもと》の病院のベッドに寝かされていて、両親が枕元に座っていました。やがてはれ・も・の・にさわるようにして、両親は僕を自宅に運んでくれたのです。その後、死のうと思っても死ねないのなら、よし本能の命ずるままに生きてやろうと捨てばちになって、自分の店の売り上げ金をごっそりポケットにねじこみ、東京の街に出ました。そのころのお金で十万円はあったでしょうネ。しかし、そんな金の長続きするはずはなく、すぐにすっからかんになってしまいました。

いまさら自分の家も敷居《しきい》が高くて帰りづらいし、それから空き巣をねらい、こそ泥をはたらいて、昼は映画館で寝るといった始末でした。日を経るうちに、もうつかまってもよいというような気分にさえなりました。そうして間もなく別荘行きとなったのです。私も、ぼんやりと夢遊病者のようにブラブラしていましたから……」

私は彼の言葉を耳にしながら、妙に悪意は感じられず、むしろ戦後の混乱期を泳ぎ切れなかった気の毒さ、哀れさを覚えたのである。包み隠しなく胸の中のわだかまりをはき出して、彼もホッとしたらしい。それから二人で詰所の風呂に入り、彼が私の背中を流してくれたのに感激しながら、いつの間にか夢路をたどった。

修養科に入る手続きをすべて済ませて、私は彼を残し、車中の人となった。横浜に着くと早々に、手紙を胸に納めて自動車を飛ばした。

〝彼は必ず更生する！　この喜びは何ものにも代えがたい。これぞ布教師の感激だ！〟

信仰の喜びを胸いっぱいに感じながら、彼の家に着いた。

「お父さん、この手紙をご覧になってください」

勢いこんで、天理市での顚末《てんまつ》を告げた。

「先生、筆で書いたという点が、あやしいですネー」

まさしく〝あつものに懲《こ》りてなますを吹く〟親心のせつなさ。私はこの言葉に驚きさえ感じた。それでもご両親の更生を願う心は、もとより私より強いはずである。

「三カ月の費用などは、ものの数ではありません。今度だけは額面どおりに受け取ることにしましょう。どうか頼みますネ」

だまされまいと考えながら、だまされても、もう一度賭《か》けてみようという親の心が、ジーンと私の胸に響いた。

修養科のちょうど半ばであった。私は彼に、休みをもらって東京に帰ってくるようにとの速達便を送った。

彼は〝天理教〟と染め抜いたハッピ姿で帰ってきた。東京までの上り列車の中を、そのままの服装で平気だったのである。天理市ならこのハッピ姿が大いばりであるが、その他の所では背広に着替えたいのが、人の心の常である。まして日本は、宗教の価値を認める信仰人口の少ない国である。

「先生、ただいま。僕の裁判でしょう?」

彼はその日の来るのを予期していた。私も、せっかく三カ月の修養期間中であるから、何度も裁判の延期を申請したが、もうこれ以上延ばせないと分かって、仕方なく彼を呼んだのである。

「先生、心配しないでください。きょうまで約一カ月半、親神様のお話を聞いてきました。自分でまいた種です。それがつまらない雑草なのですから、鮮やかに根っこから引き抜いてもらいたいと願っています。ですから、決して刑を軽くしてもらおうなどとは毛頭考えていません。どんなに重い刑でも、いさぎよく受けていこうと心は決めておりますから……」

と言うのであった。決意のほどが確かめられたところで、私は口を切った。

「よし分かった。ところが実は裁判を受ける日は三日後なんだ。その間にまだ二日ある。この二日の間に、君が泥棒に入った家に一軒々々あやまりに歩いてもらいたいのだ。私も一緒に行く。それから法廷に立ってほしい。いいだろう？　行ってくれるだろう？」

彼は一瞬ためらった。無理もない。まるで死刑囚が自分で十三階段を上るようなものであるから……。

しかし、さすが彼は修養科生であった。きっぱりと、

「はい、歩かせていただきます」

と答えた。

夢遊病者のように歩き回った彼は、自分が泥棒に入った家を覚えていなかった。致し方がないので、まず二人で警察署に行き、事の由《よし》を告げた。警察官もびっくりして、犯罪調書に記入された所番地と氏名を特別に教えてくれた。それによると、犯罪軒数は十五軒に上っていた。彼のさんげ話では、五十軒ぐらいはあったはずだと述懐して

いた。

二人で仲よく肩を並べ、地図を持ちながら一軒々々訪ねた。その十五軒はご丁寧《ていねい》に東京都内の広範囲に広がっていた。すぐ近所ばかりであれば、十五軒ぐらい捜すのに、そんなに時間はかからないのに……と笑顔で語り合った。

ようやく目的の家に近づくと、

「アッそうだ、この塀《へい》を越えて、あの窓から入ったんだ」

と、彼はその当日の様子を思い浮かべるのであった。

しかしきょうは、もう窓から忍びこむ必要はなかった。堂々（?）と二人で玄関先に回り、ベルを押した。

「どなたでしょうか?」

と出てこられた奥様に向かって、二人とも頭を深々と下げ、

「実は僕、昨年ここに泥棒に入った者です。お詫《わ》びにまいりました」

と彼はしゃべった。奥様には、二人のうち、どちらが出した声だか分からない。好男

子の彼よりも、色の黒い私のほうを向いて、

「えッ、あなたが？」

と言われる始末であった。眼を丸くしながら頭の先から爪先《つまさき》までジロジロと眺《なが》め終わると、ハッピ姿の彼に、

「こんなに驚いたことはありませんワ。泥棒が入ったという話は随分聞きますが、泥棒が泥棒した家にあやまりに来るなんて、いままでに聞いたためしがありませんもの。そんなことができるのが天理教なの！　うちの親戚《しんせき》にも不良がいるんですが、また、こちらのほうに来られたら、ぜひ立ち寄ってください。そうして、あの子に聞かしてやってほしいワ」

奥様の言葉は、まるで打って変わった善人への願いであった。彼の非行を許してくださったころ合いを見計らって、私はあらかじめ用意した嘆願書を差し出し、平身低頭、捺印《なついん》を求めた。彼の姿は、一軒々々驚嘆を呼んで、一軒も余さず十五個の印が並ぶのに役立った。

「あんた、もし私につかまっていたら、半殺しの目に遭《あ》ったヨ」

と言って玄関先に立たれたのは、柔道何段かと思われる巨体のご主人であった。

「全く弱りましたヨ。あんたは三日後に嫁ぐ娘の嫁入り衣装をみんな盗んでしまったのだから……」

と言われたのは、いかにも人の好さそうな上品な奥様であった。


かくて彼は法廷に立った。私は傍聴席に座った。被告はみながみな落ち着かない背中を見せているのに、彼は静かに自分の呼び出される順番を待っていた。後ろ姿から彼の落ち着いた内心をのぞくことができた。

間もなく呼び出された彼は、被告席につくと裁判官に向かって、音のしないように拍手《かしわで》を打った。後ろにいる私には、その動作がはっきりと見えた。

宣誓が終わると、裁判官は、

「いま、何をしているのだ？」

と、被告の彼に質問を投げかけた。

「僕、ただいま天理教の本部で三カ月の修養科に学んでおります」

それからの一問一答は、およそ犯罪とは関係のないものであった。

「朝は四時起きして神殿掃除。午前中は授業。そこで人生のあり方などについて教えを受けます。午後はだいたい勤労奉仕。夜は宿泊所で祭儀式やおつとめを学びます」

「生徒はどれぐらいいるのかネ？」

「はい、毎月千人余り入りますから、約四千人というところです」

「君みたいな若い者もいるのか？」

「はい、およそ、その六割か七割が、十代、二十代の青年男女です……」

「……」

「……」

裁判官の彼に対する質問は、このようにして修養科の紹介で終わった。

次は私が呼び出しを受け証人台に立った。そのときの内容は結局、

「同じ犯罪を重ねないと保証できますか？」

ということであった。私はきっぱりと、

「同じ犯罪を二度とくり返さないどころか、同じような不良の仲間を、必ずたすける青年となります」

と言いきって、彼のために力いっぱい弁護した。判決は一週間先となって、私は彼と共に横浜の教会に戻った。

一週間後の判決には、執行猶予がついていた。彼は勇んで本部に舞い戻り、残された修養期間を見事に修了した。

現在では私の証言どおりの彼となった。小規模ながら独立した会社の社長となり、人並み以上の家庭を彼は立派に築きあげた。かたわら、彼はかつて自分が通ったような道をたどっている青年を社員に加えて、その指導に当たっている。

見事な更生の証《あか》しを立てたのである。

(6) 職場での結びつき

雇用関係によって生まれた職場での縁は、親子、兄弟姉妹《きょうだい》、夫婦などのように抜き差しならぬものではない。比較的自由に結ぶこともできれば、離れることもできる。

包容力のない上役の許《もと》では、誰《だれ》だって勤めたくはない。意地の悪い同僚となど口をきくのもいやである。呼吸の合わない部下など、むしろいないほうがましだとも思えてくる。

しかし、こうした人間関係の行き詰まりから、せっかくの職場を転々と替えるようになったら、しまいには行くところがなくなってしまう。それはちょうど植木を始終移植するようなもので、伸びる可能性を失うばかりか、ついには植木全体が枯れてしまう結果となる。どこへ行っても、一人や二人、合わない人がいるのが通り相場ではないだろうか。

1　店員が残したもの

母親の熱心な信仰をそのまま受けた娘が恋愛結婚をした。主人が〝姓ぐらいは一種の符号のようなものであるから、私はどちらでもよい〟というので、戸籍上は娘側の姓をとることに定まった。そうして外見もまた文字どおりの養子となって、娘とその両親が責任を持っている店の仕事を手伝うことになった。

その娘さん（実は若い奥様）から、

「先生、うちの主人は、天理教については何も知りませんので、ぼつぼつ導いてやってくださいネ」

と頼まれた。日が重なるにつれて、この養子さんとも多少親しくなった。ある日のこと、

「信仰は自由だから、無理矢理に強要することはできないけど、食べてみないと味が分からないから、どう？　ちょっとの時間でいいから毎日教会へ通ってみないか？」

と、私は養子さんに言葉をかけた。

「どれくらいの期間です?」

「そうだネ。一カ月ぐらい」

「いつごろがいいでしょう?」

「朝づとめがいま六時半だから、その時分がいいナー」

という会話がかわされて、彼は翌朝から約三キロの道のりを歩いて、私たちの教会に通うようになった。しかし、確かに三十日間きっちりと続けたが、彼はいつも教会の門で回れ右して頭も下げず、そのままスタスタと、いま来たばかりの道を引き返していった。


とうとう教会の門からは一度も入らず、したがって、ほとんど口をきかないままに終わった。随分変わった青年だナ、と私は思った。

そんなことがあってから、しばらくしてのことであった。

「ちょっと、ご相談があるのですが」

という電話を、私は彼から受けた。来客との話を早く切りあげて、私は彼の商店に急いだ。

「実はうちの店員のことで、これから警察に行ってこようと思っているのですが……。何だって家内がその前に一言、先生に相談してごらんと言うので、先ほどの電話をしたのです。天理教の女房を持つと、かえって厄介《やっかい》ですネ。まあ、そんなことは余談ですが……。

一昨日《おととい》の朝、その店員がいつものように問屋に仕入れに行ったまま、とうとう帰ってきませんでした。持たした金額は三万円ぐらいで、たいした額ではありませんでしたが、こんな置き手紙がありました。いくら無口な奴《やつ》でも、やめたければ、やめたいと言ってくれれば、それぐらいの退職金は簡単に出してやったのに……。

初めのうちは裏切られた寂しさから少々腹が立ったのですが、そのうちかわいそうな奴だと思い直し、やっと私の心を治めたのです」

私は聞きながら相づちを打った。彼はまた言葉を続けた。

「ところが、また奴が真夜中に忍び込んで、きのうの売り上げ金をすっかり持っていってしまったのです。私たちの寝たのが夜中の一時を回っていましたから、彼が入ったのは、おそらく午前三時ごろでしょう。何だって勝手知った奴のことだし……。奴の部屋に入ってみると、きのうまであった奴の持ち物はみな運び出されていました。ねエ先生、何でまた奴は私のうちに真夜中に来なければならないんでしょう。それでもまだうちの品物や金に手をつけているうちはいいのですが、もし他家のものを盗むようになったら、それこそ大変です。それにうちの得意先を回って集金されると困るし……。

そんなわけで、いまから警察に行ってこようと思っているんです。先生、いいでしょう」

と言うのであった。私は答えをそらせた。

「警察へ行く行かんというより、それ以前の問題があるんですヨ。それは、そういう癖《くせ》の悪い店員が、おたくの店につり合っていたということなんです。

子供によって伸びる家、子供によって沈む家

社員によって発展する会社、社員によってつぶれる会社

と両方あるように、子供や社員の問題でもあるけれど、私はむしろ、そういう子供や社員に組み合わされた家や会社の徳分というものを考えてみたいと思います。おたくの店に徳がなければ、言いかえると、あなたたち経営者に伸びる運命がなかったら、新しく入る店員にも何となく恵まれないという結果が生まれてきます。

目下に恵まれなかったときは、それだけ目上を喜ばしてこなかったからだと、自分自身をさんげしなければなりません。目上に役立ったという種さえあれば、きっと役立つ部下が与えられるという実りが得られるでしょう。

きょうのこの現実を見せられて、過去のわが身をきびしく反省するところに心の成人があり、将来の間違いない発展が約束されるのです。どうかよい子供さん、よい店員さんが授かるよう、きょうのふしを通して、さらにさらに親孝行をし、目上に喜ん

でいただくよう頑張ってくださいネ」

私の心は、この養子さんに〝お姑《しゅうとめ》さんについても、いままで以上に大切にしていただきたい〟と願っていた。

私の粗雑な教理が、終わるか終わらないうちに、彼はツと立って吊《つる》してあった自分の洋服のポケットから財布を取り出した。

「先生、手を広げてください」

と言うので、正直に広げると、

「この金、先生の小遣いに使ってください。神様のお供えではありませんヨ。街の夏祭りの小遣いにしようと思って温めていたのですが、どうせ酒を飲むぐらいが関の山ですから……」

と、彼は財布を傾けた。

「先生、何だか涙ぐんじゃった」

彼は目頭に手を当てた。私も、あまりにも出しぬけだったので、びっくりした。

「オオイ、私だって泣けるじゃないか。これが泥棒に追い銭というんだろうネ」

恩讐《おんしゅう》を超えた雰囲気がただよった。

「ところで、出て行った店員さんのことだけど、まったく寂しいネ。どうだろう。ここらで彼のために祈らせてもらおうじゃないか。祈りを覚えるのは、こんなときなんですから……。朝に夕に彼の更生を祈る、ひいては世界全体の陽気ぐらしを祈る。これが天理教の朝づとめ、夕づとめなんですヨ」

私は多少語気を強くして、祈りについて語った。そのとき、その養子さんは、合掌の手のひらの間隔を十センチほどあけながら、

「先生、ここまでは祈れますがネ。とても手のひらはピタッとはつきませんヨ」

と言って笑いだした。私も思わず涙ぐみながら笑った。

教会への帰り道は、いつになく晴ればれとした気持ちになった。私は手にした彼からの小遣いを、翌朝、為替《かわせ》にして上級の教会に送った。

不思議なことに私が帰ったあと、すぐ警察から養子さんあてに、店員さんが自首してきたと電話があったそうである。もとより示談が成立し、誰《だれ》にもきずがつかず、この事件が見事に解決したというのである。

お言葉……。

悪を善で治め、たすけ一条、千筋悪なら善で治め。悪は善出る処《ところ》の悪の精抜けて了《しま》う。

（明22・2・7）

与えられた生活の場

（1）住居も与えられたもの

赤ん坊には、ベビー用ベッドか、母親の寝床の半分ぐらいが準備される。就学児童には、机や本箱を置く空間が必要となり、高学年になると、子供部屋がほしくなる。

それが結婚して新世帯を構えるようになれば、独立した一戸建てが望まれる。同じわが子であっても、成人次第に住まいの大きさなどが変わってくるのである。

大人になってからでも、その人の従事する職業によって、根拠地の様相が異なってくる。農業を営む者には農家を、商売に携わる者には商店を、という具合であり、客足の少ないところは狭くても間に合うし、その多いところは広さが要求されてくる。住む人の心一つに、与えられた環境ではないだろうか。

1 「出て行け」の一声

年の瀬も迫った昭和二十三年十二月十六日のこと。

夕づとめ後の話がはずんだ。この晩、初めてコタツが入った。その上、初めての方も見えて、入信カードに署名してくださった。この方を案内された金森《かなもり》さんも、いつになくはしゃいでおられた。

「こんな粗末な神床の前にだって、参拝される方は、きっとたすかりますヨ」

金森さんは、ご主人に病まれてイライラした心で、ヒステリックに暮らしていた過去を語りながら、ここに参拝に来るようになってから、家庭に明るさがぼつぼつ蘇《よみがえ》ってきたと告げておられた。

私は先生と呼ばれても、きわめて気安く振る舞い、貫禄《かんろく》など微塵《みじん》もなかった。師弟関係というより、金森さんとは姉と弟ほどの遠慮ない仲になっていた。

幸い、初めての方も話し好きな方で、すっかり時の経《た》つのも忘れていた。階下から上がってこられた以前からの信者であるこの家の奥様も、終始ニコニコしながら、信仰の喜びを一緒になって表現しておられた。

しばらくすると、

「馬鹿《ばか》野郎」

と階下からご主人の声が聞こえた。ひとりぼっちで酒を飲んでおられたらしい。女房がいつまでも二階に上がっていて、さっぱり下りてこないので、とうとう寂しさのあまり堪忍《かんにん》袋の緒《お》が切れたらしい。階下の子供さんまで母親と一緒に私共の部屋に上がって、眠るのも忘れて遊んでいるせいでもあった。

女房が側《そば》にいなかったら、寒さの中、火の気のないようなわびしさを感じる。そんな男心を察しきれなかった私自身をさんげしながら、私は急いで階段を下りた。

「実は私が引き止めていて悪うございました。奥さんのせいではありません。どうかお許しください」

と奥様に代わって、手をついてあやまった。本当のところは奥様が、二階にいるのが楽しくていつまでも腰を上げられなかったのではあるが……。ところが、「主人を忘れているような女房はいりません。もう今夜限り、先生も一緒に出て行ってください」

と、まったくとりつくしまがなかった。実は、この階下のご主人に後妻として、いまの奥様をお世話したのは、私の両親であった。そんな理由もあって、私に対してこの言葉が出たのである。感情の激したときは、てんで人の言葉など、耳に入らないのが普通である。とうとう来るべきものが来たと私は思った。

その途端、私の心に陽《ひ》が射《さ》した。

「出て行け」

ではなくて、

「さあ、独立だ！　いつまで二階住まいするつもりだ？」

ご主人の冷たい言葉が、私にとって進軍ラッパに一転した。

「さっそく、その段取りにかからせていただきます。ご好意に甘え、つい半年にもなってしまい、まことに申し訳ありませんでした。しかし今晩と言われても、ご存じのように家内や子供がありますので、どうかいましばらくだけお待ちください」

と言って、やっとのことで私はご主人の気持ちを和らげることに成功したが、心底から門出を決意した。

力強く二階にかけ上がった。そうして心配してオドオドしておられた皆さんに、事の次第をお話しした。

〝たすかると思って来たのに、来て損をした〟

と思っておられた初めての方も納得された。いよいよ本格的にこの二階から脱皮する計画について語り合い、ようやく笑顔を取り戻して、それぞれに帰っていかれた。

考えてみれば、この半年間、随分と気をつかい通しであった。私たち家族は、それも成人への道すがらであるからいいが、参拝される人々には、いつもいらぬ遠慮を強《し》いらねばならなかった。

ちょうど私たちの借りている部屋の真下が、階下のご夫婦の寝室であった。昼間、材木屋としての労働に疲れきった体を風呂に休め、一杯飲むとすぐ眠られるご主人であった。そのため二階でてをどりを練習するみかぐらうたの声もしのばせ、足音もできるだけ立てないよう気を配った。階段のすぐ下にあるお手洗いの戸も、横玄関のガラス戸も、ガッチリし過ぎて、ガラガラ音を立てた。これをそっと静かに開けたり閉めたりせねばならなかった。チャンスがあったら、自由に祭典のできるところへ引っ越しをしたかった。ところが、無一文に近い私たちにとって、それは、とてもかなわぬ望みでしかなかった。そんなとき、「出て行け」と、するどく迫られたのである。まさしく人間の声ではなく、親神様の親心の叱声《しっせい》だと、私は悟ったのである。

なるほどと得心できると、私の心は急に明るくなった。そうして、いまはもう夢路をたどっておられるであろう階下のご主人に合掌した。

私の瞼《まぶた》には独立したにぎやかな布教所の情景が浮かんだ。それはあたかも、大和《やまと》の静かな田園の中に、幟《のぼり》を立てて押しかける参拝者の群が、教祖の眼にはっきりと映ったようなものであった。

翌朝、私はあらためてご主人に巣立ちを確約したが、そのとき、ご主人は言葉を和らげて私におっしゃった。

「先生、どうも昨晩は言い過ぎまして……。少々酒がまわっていたもんですから。別に先生にまで八つ当たりするつもりはなかったのですが……。まあ時機が来れば独立してもらわねばならんが、そのときには私も多少は骨を折りますヨ。順序がつくまで、どうかゆっくりしていてください」

まるで嵐《あらし》の通ったあとの日本晴れのようであった。私はあまりの変わりように、シゲシゲとご主人の顔を見るばかりであったが、いったん鳴り渡った進軍ラッパに、私は旬の到来を自覚し、独立への意欲を、その優しい言葉によって減ずることなく、一路その準備に奔走した。

不思議にも親神様は、この「出て行け」の声を出されるまでに、独立できる予定を立てておられた。道をつくっておいて、さあ歩けと後ろから押されたようなものであった。

金森さんのご主人の病気を案じて、始終見舞いに来られていた大工さんがあった。私がこの地へ布教に来た五月ごろからの知り合いではあるが、急テンポに親密さが深くなった方らしい。どうやら親神様の予定コースは、半年前からつけられていたようである。

金森さんから大工さんに、その話を出されたところ、

「地所がありませんか？　刻んだままで、解約となった小型の家の一軒分がいま、私の家に寝ているんです。地所さえあれば、明日にでも建前《たてまえ》ができます。これを生かしてくださると、私のほうもありがたいのですが……。なに、建築費のほうはぼ・つ・ぼ・つでもいいですヨ」

まったく願ってもない話であった。

「先生、私も二階住まいで病人を持ち、家主さんに時折出てくれとほのめかされています。建てそこなった大工さんの手持ちの家をさっそく建てて、私たちと一緒に住みましょうヨ。先生は布教で通られたらいいでしょう。私、女ですけど思いきって働き

ます。費用のほうは任せてください」

と、金森さんの温かい助言があった。

あとは、もう地所だけであった。

〝そうだ！　階下の材木屋さんに畑があったナー。街のはずれだけど、そう遠くはないし。麦刈りを手伝ったこともあったし。いまはあの晩のことも忘れて機嫌よくなられたから、ひとつ畑の隅っこを交渉してみよう〟

と、私にヒラメクものがあった。

この交渉は見事に効を奏し、さっそく普請の段取りにかかった。そうして三十五日後の一月二十日、犬小屋のように狭いバラックではあったが、それでも新築なった木の香も新しい神床に、親子合わせて参拝者二十三人のすしづめで、にぎやかに布教所の遷座祭を執行したのである。

2 周旋屋の店頭

「もっと駅前の便利なところに出たい」

と思い続けていた彼であった。立川《たちかわ》飛行場に近い彼の家からは、立川駅は歩いて三十分余もかかった。ことに彼の女房は〝一日も早く洋裁店を持ちたい〟という夢を持っていただけに、辺ぴなところよりもにぎやかな通りを望むのは当然のことであった。

三人の女の子がミシンを踏んで仕事の手伝いをしていたが、残業を終えて暗い夜道を通って駅前まで、その娘たちを送り届けるのは、ほとんど毎日の彼の役であった。

不幸な彼の前半生は、彼に学校教育を与えなかった。昭和初期の生まれでありながら、ひら仮名、片仮名がやっとこさであった。しがたって不動産の売買契約証書や権利書の文字など、読めそうなはずはなかった。悪質のブローカーなどの噂《うわさ》を聞いていると、彼は大きな不安を感じていたが、比較的信用のおけそうな商店街のある周旋屋に思いきって足を踏み入れた。昭和三十一年の春であった。

「駅前に手ごろな売り家がありませんかネー」

と切り出した。よもやその場で、淡い期待が実現しようとは夢にも思わなかった。奇跡的な買い方だったといっても過言ではなかった。これも偶然というよりも、彼の日ごろの真実を親神様が受け取って、働いてくださったとみるほかはない。彼に特別の力や金があったわけではなかったから……。

ちょうどそのときに、四十万円の自宅の買い手を探しに入ってきたお客さんと鉢合わせになった。彼はさっそくその家を見に行ったが、すっかり気にいった。場所といい、家の大きさといい、ほどんど希望どおりの条件であった。彼自身の家は二十五万円の売り値をつけていた。してみると、その差額は十五万円であった。しかし残念ながら、その日その日の経済に追われている彼は、文字どおりの文無しで、この差額の・・あてはまだ立っていなかった。

周旋屋は二人の客を前にして、猛然と商売気を燃やした。四十万円のほうは、かけ値をはずして三十五万円となり、彼の家は二十万円で周旋屋がひとまず買うことになった。その上、相手のお客さんは街の小さな金融業者で、物件よりも金にして持っていたいというわけであった。しかもその金がすぐいるということでもなかった。結局差額の十五万円は、十五カ月月賦《げっぷ》でもよいということに決まった。

「どうでしょう。十五カ月の約束手形を書いてくださったら、それでいいのですヨ」と周旋屋が彼に言った。ところが彼は、これほどの好条件でも、多少の不安を感じていて、返事をしぶっていた。

「それじゃ、こうしよう。もともとあの家は二軒長屋だったのを、一軒にしたものだから……。また真ん中に壁を造れば、一方は貸せる。私が七千円で借りる人を探しましょう。しばらく、あなたは片方だけで我慢するんですヨ。それでよければ、私のところに毎月三千円ずつ十五カ月間支払ってくだされればいいわけですヨ」

なるほどそういえば、その家は六畳二間、四畳半二間で、左右まったく対称的な物件である。ここまで煮つまれば、もう話に結論は出た。私は彼に呼び出されて、この売買の手続き一切を済ませた。彼はほとんど素手で数日後引っ越した。彼のほんとにうれしそうな顔を見て、私も無性にうれしかった。

彼が駅前に出たいと言ったのは、昭和二十八年で、教祖七十年祭の三年前であった。時あたかもご本部では、おやさとやかた（別席場）の建設に着工されたばかりであった。

「まあいましばらく、その希望はおあずけにしておくんだネ。多少の不便ぐらいはたいへんのうして、これから三年千日、あなたの真実のありったけを、末代のたすけ場所に種をまくんだ。家探しは年祭後の楽しみにしようヨ」

と私は彼に言った。まさに〝通さぬは通すがための道の普請〟である。その後の三年間〝苦労をかけて済まないナー〟と、幾度私は思ったか分からない。しかし、移転後のいまになって、ソロバンをはじいてみると、親神様の銀行のほうが、はるかによかったとみられるのである。

しかも簡単に仕切った片方の貸家に、周旋屋の世話で、姉妹二人が借りたいと言ってきた。一面識もなかったが、

「あの、私たちの力で一部増改築させていただきたいワ。二人のうちどちらかでもお嫁に行くようになったら、そのままにしておいていきますから。模様替えした費用など、決して要求しませんからネ。私たちはクリスチャンです。信じてくださるわネー」

と言って、三十万円ほどの金をかけて、内部をすっかり近代的に改造し、横庭のほうに四畳半一間を増築した。それから四年近くキチンキチンと家賃を納め、やがて姉の結婚が決まって、言葉どおり気持ちよく巣立っていった。こんな性質のいいたな子を、私はいままで聞いたことがない。

生き馬の眼を抜くような都会人の中で、彼には特別の頭脳もなければ、背後の親戚《しんせき》の力もほとんど借りることができなかった。この世が弱肉強食の世界であったら、彼などは生存競争に負けて、一番に蹴落《けお》とされたに違いない。

誠の心と言えば、一寸《ちょっと》には弱いように皆思うなれど、誠より堅き長きものは無い。誠一つが天の理。天の理なれば、直《す》ぐと受け取る直ぐと返すが一つの理。

と、おかきさげに教えられている。複雑多岐なこの世渡りも、誠一つの歩みが、結局親神様の設計にかかる世界秩序に最もよく沿うことになるのであろう。

実は、この家の購入の元となった飛行場ぎわの家は、もともと私が昭和二十三年から布教根拠地として使用したものであった。それを彼に譲って、彼が住みやすく改造したものである。住宅というよりバラック建てといったほうがふさわしいシロモノであった。

しかし、この柱にも壁にも畳にも、たすけ一条の声がかけられ、喜びがしみていた。狭いながらも楽しい心の道場であった。柱や壁や畳は語らなくても、それは高価な値をつけていたのではなかろうか……。

私はいま、そんな気がしてならないのである。

3　女郎部屋だった

大阪にいる姉夫婦の家を仮の宿として、関西に単身布教に出た青年があった。ある年の夏であった。義兄は全然天理教には無関心であったので、遠慮しながら夜はそっと隅っこのほうで寝ていたらしい。

私は、いつまでもお姉さんに気苦労させては申し訳がないと思って、十一月末、大阪のある教会から講演を依頼された機会をねらって〝一度会いたいから、その教会に来るように〟と青年に葉書を出しておいた。

はたして来ているかどうかと注意しながら、講演壇上にいたが、幸い本人を私は見つけることができた。講演が終わってから、そこの教会長さんに、

「実は、うちの布教師が参拝所におりますので、ちょっとの間ここで話したいことがあるのですが……」

とお願いすると、客間に通された。そこには三人分の山海の珍味が並べられてあった。

一つは私の分、それに接待するための会長さんの分、もう一つは、うちの青年の分であった。

フワフワした座布団に座り、私は普通に盃《さかずき》を受けたが、隣に座っている青年布教師は一向に箸《はし》をとろうとしなかった。それどころか、うつ向き加減のまま涙ぐんでいた。

ここ四カ月ほど、食パンの耳ばかりを常食としていた青年にとっては、目の前にあるご馳走《ちそう》が、もったいなくてもったいなくて手が出せなかったのである。そのけなげな様子を見て〝アー、私の単独布教も遠くなりにけりだ。私にもこんな日があったのに……〟と、しみじみ〝清貧に咲く花〟といわれた昔をいとおしく思った。

しばらくしてから青年は、その会長さんに向かって声をかけた。

「会長さん、実は僕、本部の専修科出身です。僕が生徒でいたころ、会長さんが教室にお見えになって、〝男の幸福〟についてお話しくださったことが、このごろになって本当にうなずけます。会長さん、〝男の幸福〟とは、職業と金と女房に恵まれることでしたネー。

そして、その求め方に順序があるとおっしゃいましたネ。金になろうとなるまいと、女房が与えられようと与えられまいと、男命の捨て所のよき職業に精魂を打ちこむことがまず第一である、とお聞きしたのを僕は覚えております。あれだけ熱心に仕事に打ち込んでいるのだから、資金の応援をしてやろう、よい嫁を世話してやろうということになって、ついには三つともかなえられる。

が、その反対の順序を踏んで、仕事よりも金よりも、何といってもあの娘と一緒になりたいのだと、まず無茶苦茶に女のあとを追う。次に、仕事は何でもいいのだ、給料の額が多いほうがよい、と金を追う。こんな求め方をしていると、結局何一つも満足に得られなくなって、あたら男の一生を棒に振ってしまう――と、このように教えてくださったように思いますが……」

会長さんは、黙って箸を運びながら、うなずいておられた。

「実は僕、専修科に入る前に、二、三の職業に従事していましたが、仕事そのものに生きがいを感じたことは、あまりありませんでした。いま、親神様があり、そのお働きによって生かされているということを何とか分かってもらいたいと思って、毎日布教伝道に足を棒のようにして歩いていますが、この道こそ男命の捨て所と、しみじみ仕事に恵まれたことを感謝しております。

また、以前はいくら給料をもらっても、家賃だ、月賦《げっぷ》だと、いつも不足がちで、金に恵まれたなどと思ったことはありませんでした。それが、きょうこのごろでは、十円玉一枚のお供えにさえ、涙の出るほどの感激があります。職業に恵まれ、金に恵まれた天理教のハッピ姿の私には、今度はきっと心のできた女房に恵まれる日が訪れてくるでしょうネ」

ということであった。ご馳走を頂きながらこの言葉を聞いていた私も、心からうれしくなった。ようやくこの青年も箸をつけ、食事の終わるのを待って、その教会を辞した。

〝さて、姉さんの家ばかりにご迷惑をかけていては済まない。そろそろ冬も近くなる。どんな小さな部屋でもいいから、彼のために一つ探してみよう。ただし、初めて目に止まった周旋屋さん一軒だけにしておこう。そこに部屋があればよし、なければ次の機会だ。次の機会というより、まだ早いぞ、と親神様がおっしゃっている証拠だと悟ろう〟

このように私は自問自答して、彼の布教範囲の中心部に相当する駅まで切符を買った。車中で二本のクジを作って、

「ちょっとこれを引いてみてごらん」

と彼に言った。彼の引いたクジは長いほうであった。長いほうの場合は、下車駅の正面を出て右側に行くと、ひとり決めしていた。もし短いほうを選んだら、左側へ行くはずであった。そのとおり下車駅の正面を出て右側に向かうと、さっそく小さな小さな周旋屋さんがあった。何だか物件の少なそうな店だナーと思ったが、予定どおり、その店に入った。

「雨露《あめつゆ》しのげるだけのところでいいのです。一番安い貸間はどんなところでしょう」

と私は声をかけた。その周旋屋さんは、私たち二人を、いぶかしげな表情で眺《なが》めなが

ら帳面を繰って、

「これですなー。しかし駅から遠いですよ。かまいませんか？」

と言った。通勤のサラリーマンでなく、野良犬のように歩き回る布教師にとって、駅から近かろうが遠かろうが問題はない。

「えー、いいですよ」

と、私たちは二人揃《そろ》って返事をした。

「でも、この部屋には工場の臭い煙が時々入りますナー。それでもいいですか？」

なるほど安い物件となれば、それだけ条件が悪くなるのは当然である。

「えー、別に寝るだけに帰るようなもんですから」

と再び答えると、

「あー、まだ条件が悪いやー。昔の赤線区域の中ですよ。売春防止法が出てから、女郎屋さんはできないので、間貸しに切り換えたんですネ。それでもよろしかったら」

この青年は、一向表情も変えないで、

「えーえー、どんなところでも。私は天理教の単独布教師ですから」と明るく返事をした。

「それじゃ、ちょっと案内してあげましょう」

と言って、周旋屋さんは青年と二人、自転車を飛ばした。私はその店でしばらく待っていた。うれしそうな顔で帰ってきた彼のために、私は前家賃と周旋料を支払って彼と別れた。横浜への帰途、車中からようやく冬支度を整えかけた景色を窓外に眺めながら〝よかったー、よかったー〟と、ひとり感慨にふけった。

それから約一週間後、この青年から便りがあった。

「先だってはどうもありがとうございました。姉の家から私の身のまわり品を選び、立ちどころに引っ越しは終わりました。

さて、この部屋で幾百幾千の男女が戯れたことでしょう。まさにつわものどもが夢の跡です。しかし、これほど汚れた部屋でさえ、布教師の私が住むようになったら、立派なたすけ道場と変わりました。ブロマイドの貼《は》られたおかしな色の壁は消えて、真っ白な模造紙の壁となり、ご本部から戴《いただ》いた人だすけのための『おかきさげ』をお祀《まつ》りし、天理教のハッピをかけましたいまは、まったく清く尊い人だすけの場所であります。私はしみじみ布教師の持つ栄《は》えある立場に感泣し、同時に布教者の持つ大いなる誇りに胸がふくらむ思いです。それにしても何て私は、色情のいんねんが深いのでしょう……」

との文面であった。

酒が入れば酒ビンとなり、醤油《しょうゆ》が入れば醤油ビンと名前が変わる。

同じささやかな部屋一つでさえ、住む人によって、これだけレッテルも変わり、価値も存在意義も変わってくる。それはやがて、来《きた》るべき運命と境遇を変える原動力となる。心一つに与えられる一切の変化ではないであろうか。

4 別荘がわが家

ホノルル市に渡った二男は、ハワイ大学に三年半学んで、結婚のため、いったん帰日した。

学生の身で嫁を持つということは、多少あつかましい感も免《まぬか》れなかったが、将来は海外で世帯を持ちたいという夢がある以上、残された一年余りの留学期間、女房が外の水に合うかどうか、トレーニングをしておきたいという理由があった。

幸い、嫁の候補者の実家でブラジルに渡って成功している方があったので、娘を海外に出すことにそれほどの難色がなかった。おかげで二人とも修養科を修了し、引き続いて教会長資格検定講習会も受講し、めでたく結婚式を挙行した。

いよいよ新婚夫婦揃《そろ》って羽田《はねだ》を発《た》つことになった。私は「ジョイアス講」という講名を色紙に書き、小さなお社《やしろ》を一揃い、親からの最大の贈り物として与えた。

弟妹や友達をマイクロバスに乗せ、二男夫婦を長男の運転による自家用車に乗せた。

羽田に向かう高速道路上で、

「お父さん、今度の旅は安らかですヨ」

と二男が言った。いままでに二回帰日していた。一回目は夏のこどもおぢばがえりのハワイ団体のリーダーとして、二回目は大学のチャーター機で夏休みを利用していた。このときは一人旅であったが、いま考えてみると結婚の承諾いかんを、いまの嫁に確かめるためであったようだ。

「そりゃ、いままでと違って、可愛い娘《かわこ》ちゃんが一緒だものネ」

とあっさり答えたら、

「違うヨ」

と言った。

「そうかそうか。餞別《せんべつ》でふところが温かいせいか」

と重ねたら、

「お父さんらしくないネ。僕のポケットに神実様《かんざねさま》が入っているからだヨ」

と、きっぱり言った。

水になじめるか、なじめないか分からない新妻に対しては、もとより喜びはあっても、不安や責任感もつきまとっている。ともあれ女房より金よりも、神様を捧持しているから安らかであると表現した二男の言葉に、私はあらためて信仰のすばらしさを痛感した。

心の中で家内と共に〝星影のワルツ〟を歌っているうち、二人を乗せたジェット機は、東京の夜空に消えた。

ホノルル空港に出迎えた三男は、やっとの思いで探し当てたアパートに兄夫婦を案内した。旅装を解いて二、三日ゆっくりしてから、適当なアルバイトを見つけたいと思って、二男はハワイ新聞を拾い読みしていた。私たち両親に甘えてばかりでは申し訳ないと考えていたからであった。ふと求人欄に〝若い夫婦で別荘の留守番をしてくださる方を求む〟との文字を発見した。二男はさっそく、その広告主に電話を入れた。

すると、

「面接するから、すぐ来るように」

という返事であった。ところがこの日は、ハワイ伝道庁の月次祭日であった。可愛《かわい》い女房を連れて渡布して初めての祭典――その時刻が迫っていた。二男はおさしづのお言葉を思い出した。


さあ〳〵月日がありてこの世界あり、世界ありてそれ〳〵あり、それ〳〵ありて身の内あり……。

（明治20・1・13）


別荘の留守番が他の人の手に渡っても、月次祭に出るべきだ……と思い直して、嫁と共におつとめ衣《ぎ》を持参して伝道庁に走ったのである。

祭典講話も終わり、直会《なおらい》の間に新妻を皆に紹介し、それから、今朝の広告主の所に伺ったときは、もう夕刻であった。その間に三組の夫婦が、この求人欄に応募してきたとのことである。幸いまだ契約までに至っていなかった。純情そうに見えた二男夫婦に、先方の心が動いたらしい。

「保証人がありますか？」

と尋ねられた。二男は急いで、かつてアルバイトをしていた、ある会社の社長に会いに行った。そこで、さっそくサインをしてもらい、その上、電話までしてもらったのである。

「あの夫婦を雇わなかったら、雇う者なんかいないヨ」

とベタ賞《ぼ》めの言葉添えであったそうである。この社長は広告主と親しい友人同士であった。

こうして話は決まった。そこで二男は、

「一つだけお願いがあります。その別荘の一部屋に私たちが留守番役として入ることになると思いますが、その部屋に、どんな隅っこでもかまいません。ただ天理教の神様をお祀《まつ》りしたいのです。お許しいただけるでしょうか？」

と言った。この申し出は、かえって二男夫婦の信用を高めるのに役立った。

「そりゃもちろん、かまいませんヨ。信仰のある方でしたら、もうそれだけで十分です。

実は私は、あの別荘の前の持ち主で、いまは日本のある会社の社長さんに売ってしまいました。その社長さんは、一年のうち二、三回はハワイに来られると思いますが、その滞在期間はせいぜい五日か一週間というところです。今度の広告にしても、私はその社長さんから全権を委託されているんですが、水道代も電気代も先方で支払うと言っておられます。

まあ時々芝生《しばふ》を刈ったり、樹木に水をやったり、社長さんが見える前に掃除をしてくださったら、それでいいのです。それで月に三百ドルの手当を出すようにと言われました。どうぞ、そういう条件でよかったら、ぜひお願いします」

と言うのであった。

このようにして、せっかく三男が奔走したアパートも一週間いただけで、二男夫婦はダイヤモンド・ヘッドの別荘に移った。そこは広大な芝生を擁し、ホノルル市を一望の広い応接間があった。一年中、ほとんど二男夫婦がのびのびと、その別荘を使うことが許された。

日本円で約十万円。三百ドルの小遣いを持てば、二男はハワイ大学生であっても、優に女房との生活を楽しむことができた。

二男から航空便が私たち両親に届いた。その文面に、

「私たち若い夫婦が探した家ではありません。胸のポケットに捧持させていただいた親神様が、その鎮まり場所を探してくださったと感謝いたしております」

としたためてあった。

私たちは、まったくその通りだと、親神様にあらためてお礼を申し上げた。と同時に、二男のこの悟りに親としての最高の喜びを味わったのである。

（2）地所も与えられたもの

〝私の地所〟といっても、生きている間使用することを許されているだけであって、今生を終わるとき、棺《ひつぎ》の中に納めていくことはできない。所有権というよりも、むしろ使用権がしばらくあるというのに過ぎないのである。

与えられる徳のある者は、他人の所有名義であっても、十分自分の用に使いこなしているし、与えられる徳のない者は、自分の地所であっても、実質的には自分に役立ってはいない。そこから入る地所代でさえ、寂しい方向に流してしまうのである。さらに嵩《こう》じて、少々ばかり土地があるために、わが子との仲を割いている例は、世に枚挙の遑《いとま》がない。

やはり〝私のもの〟であって、事実は〝私のもの〟ではない。使える徳のあるなしが問題である。

1　車窓に映った地所

私たちの教会の隣接地二百坪を購入したときの不思議な話題である。

この土地は、終戦以来十五年間、空き地のまま放置されていた。どなたが交渉に行っても、売りも貸しもされなかった。地主さんのお子さんが大きくなって、世帯を持つときのための予定地であったのだから……。

それが、お子さんの就職先が東京と決まって、にわかに代替地を東京に求めるという予定変更となった。その間に教会の信者さんも増え、内容もボツボツ充実してきた。まるで購入する力のできるまで、親神様が延ばしてくださったように悟ることができ、ここにも親神様のお働きが痛切に感じられて、私は人生の楽しさを十分味わうことができた。

第三回目の分納金が、信者さん方の真実の結晶として私の手元に集まった。うやうやしくこれを押しいただいて、地主さんの家にハイヤーを飛ばした。客間に通されて丁重な挨拶《あいさつ》を私は受けた。

「一瀬さん、ほんとに不思議だと思いますワ。これが神様というのでしょうネ。教会の方に地所を買っていただいて、ほんとによかったと、いまではしみじみ感謝しておりますのヨ」

予期しない地主さんの言葉に、私はびっくりして次の言葉を待った。

「実はこの間ネ、私、東横沿線の都立大学のあたりを車で通ったのですヨ。そのとき、ふと空き地が眼にとまったの。そこは環境もいいし、土地の広さも手ごろだし、駅からもそう遠くはないしネー。そこで車を止めて、思いきってその空き地の地主さんを訪ね、『あの空き地を売ってくださいませんか?』とお願いしてみたのヨ。

一瀬さん、その話が不思議とまとまったのですから、ありがたかったワ。周旋屋さんも間に入らず、お友達の手もわずらわさず、地主さんと直々で話がまとまったんですもの。きっと、あなたの教会のおかげですヨ」

しかし、ここまでの話なら世間にはたくさんある。問題は次の点であった。

「その地所が、ちょうどお宅に売った土地と同じぐらいで、百八十坪あるのヨ。お宅の二百坪は、私道が二十坪ぐらいありますものネ。そんな計算になるでしょう。
地主さんは坪で五万円（昭和三十五年当時）と言われたんですが、『まあ売買のことは若い者にかけ合ってください』とおっしゃるもんですから、私、またそちらへ車を向けましたのヨ。すると『そうですか、ほんとは坪七万五千円以上で売れるんですが、父が五万円と言ったのなら、それでも結構ですよ。もう年をとったから物価に対する感覚がずれているんですネ』と若いご夫婦がおっしゃって、結局、坪で二万五千円は安く買えたことになりましたの。先日九百万円をお払いして登記も全部済ましましたが、全く思いがけない買い物ができましたワ」

地主さんは代替地購入までのいきさつを、このように話された。そうして私の持参したうず高い札束を感謝して受け取られた。

その札束は銀行から出たばかりのパリッとした一万円札もあったが、その中にまじって月給袋から顔を出した直後らしい千円札もあった。また商店をあちこち回ったらしい五百円札も加わっていた。それどころか、どなたかのポケットの隅でクシャクシャになったのを、一生懸命のばしたようなお粗末な百円札さえまじっていた。

印刷された一枚々々は、なるほど普通の紙幣に過ぎないが、やがて神殿が建築されるはずの境内地への、信者さん方の真心が、その紙質に秘められていた。たといクシャクシャの百円札一枚といえども、そこには祈りがあり、たすけがあり、人類愛があった。私にとっては感謝の涙いっぱいの札の山であった。しばらく待って、私は地主さんから百万円の領収書を頂いた。

この隣接境内地購入のもともとの条件は、坪二万円で、初回から最終回まで、二カ年の四回分納であった。売るほうにしてみれば、地価変動の激しい折から、大変気の長い話だし、お金も一ぺんにまとまらない。しかし買うほうの私たちが教会であるし、やがて人だすけの道場になるというので、そこまで譲歩してくださったのである。一年半前の坪二万円は、ちょっと高くも感じられたが、土地の価値が高騰し、三回目を支払うころは、近所で三万円の売り値が相場であった。三万五千円でも売らないという土地がすぐ近くにあった。住宅地としては、横浜ではもう一等地といっても過言ではなかった。

初めの売買契約に多少の色をつけてもらいたいと、ソロソロ話が出るのではないかと、私は予想していた。それがまったくいらぬ心配で、かえってさかさまにお礼の言葉さえ聞いたのである。まだ半年先に四回目の分納金が残っているというのに……。

帰り道の商店街は、いよいよ師走《しわす》が迫って、人の動きははげしく、正月を迎える笹《ささ》の林はサラサラと音を立てて、よく晴れた空にその梢《こずえ》をゆすっていた。

「高い安いで買い物をするのではありません。必要か必要でないかによって、私たちは買うか買わないかを決めるよう、いままで教わってきました。人だすけを生涯誓った私たちです。どうしても精いっぱい受け入れ態勢を整えたいと思いまして、やってまいりました。

坪二万円でも二万五千円でもかまいません。ただ、どうか私たちに買いやすい便宜をはかってください」

私は、事の始めの自分の言葉を思い出し、産みの苦労はあっても、悲しみや不足の種は、絶対この末代の土地にはまかないと誓い合って、購入運動に入ったのであるが、一年半も経《た》たぬ間に、親神様が地主さんのほうに先回りをされようとは、神ならぬ身の知る由《よし》もなかった。先方の地主さんは、

「やはり〝情けは人のためならず〟ですネ」

とおっしゃっていた。これがこの世の姿であり動きである。この姿、この動きをはっきりととらえられる私は、無上の幸福者である。

2　低過ぎる地盤

〝リンリンリンリン〟と、けたたましく電話が鳴った。急いで電話口に出てみると、信仰に理解のある、ある建築会社の社長からであった。

「永田《ながた》さんの家が、あまり気の毒で見ておられませんから、私のところで何とか建て

させていただきましょう。ちょうどいまは大工の手も空《す》いていて都合がいいし、普請金のほうも、ぼつぼつの支払いで何とか切り回しができますから、さっそく設計図を書いておいてください。あとでお伺いしますから」

思いがけない朗報に私はびっくりした。

終戦後間もなく主人を亡くされた永田さんは、遺された一人娘の澄子《すみこ》さんの細腕にすがって、ごくつつましいわび住まいをされていた。家は六畳一間と台所だけ、それも戦災直後の焼け残った立木を柱に使い、焼きトタンを張りめぐらした、屋根の低い見る影もないものであった。庭の片隅にポストのように立っている便所が、ちょっとした大風でひっくり返って、教会の青年がそれを起こしに行ったことさえある。

「太い針金でその頭をゆわえて、四方をテント張りのように張ってきましたから、もう大丈夫です」

と私が報告を受けたのも、つい先ごろであった。台風ごとに一番気になったのがこの家の安否で、幸い三方に高い家があって、風が頭の上を過ぎるのでたすかるといった始末。前方の川のほうから風を受けることはほとんどなく、いつも倒壊を免《まぬか》れているのである。何枚も重ねたトタン屋根の上に、石がたくさんのっているのも哀れだし、土間の台所に入るくぐり戸は、一回々々頭を下げなければならないものであった。風雪十年を経たこの住まいの外見は、とても人間の住むようなものではなかったが、小さく祀《まつ》った神棚の前で、講社づとめをする夜などは、いつも十人ぐらいの歌や踊りが飛び出して、にぎやかな笑いが川の面まで流れていた。

私は、この社長の親心と義侠心《ぎきょうしん》を快く受けて、さっそく平面図を引いた。幸い修養科を修了してきたばかりの青年と、この電話を受ける直前に久しぶりで顔を見せた頑丈な男が教会にいた。この二人は喜んで永田家の普請を手伝うと申し出てくれた。

まず家財道具全部を一時教会で預かる。次にいままでの家を取り壊す。それから全体的に高さ一尺ほどの地盛りをする。こんな段取りを仕事の順序としてつけたが、地盛りだけは私の頭痛の種であった。ところが二人の青年を永田家に連絡に出したところ、勢い込んで途中から引き返してきた。報告によると、

「会長さん、大したご守護ですヨ。永田さんの家へ行く途中に、車道を掘り返しているところがあるでしょう。そこで工事中の人に思いきって訳を話して、その土を頂けないかと、かけ合ったんです。ところが『こりゃありがたい。こちらも近くでたすかります。すぐこの土を運んであげましょう』と言ってくれました。それでいいでしょう」

と、ろくろく私の返事も聞かないで、また永田家に向かって飛び出していった。応援隊を教会から出して、家財道具を運び、一方で家の取り壊しにかかったが、すぐそのあとから六台分の土を一気に運んできた。それも荷台が、ガーッと上がる大型のダンプカー。しかも帰り道を利用し、表にあわてて放り出した道具その他を、さっさと積み込んで教会まで運んでくれた。文字どおり目の回るような超スピード、しかも運転手へのお礼は、莫大な土の量にもかかわらず、ほんのタバコ十個に過ぎなかった。

思わぬ手伝いの手が揃《そろ》い、ちょうど車道の補修中にぶつかり、しかもお互い同士がたすかって、予定以上の土が処理された。その上、家財道具の運搬まで陽《ひ》のあるうちに済んだ。

こうした現実の成ってきた姿を通して、この普請が親神様の限りないご慈悲に守られ、厚く賛意を頂いていることを悟って、私はこの上もなくうれしかった。女二人の世帯で、着工直前のこの自然の動きに、私の危惧《きぐ》は一ぺんにふっ飛んだのである。

思い返すと、永田さんは娘と共に三カ月の修養科を修了して間もなく、ある青年の病気平癒《へいゆ》を祈って、教会に日参されるようになった。すでに七年余りも続けられている。永田家から教会まで、歩いて十五分ぐらいしかかからないが、雨の日も風の日も、木枯《こが》らしの吹きすさぶ冬の夜も、一度として欠かしたことがない。丈夫な体ならいざ知らず、弱々しい体で、しかも家計の乏しい中を。

髪形や着るものなど一向おかまいなく、朝夕、親神様のお顔を見なかったら、どうしても一日が送れなかったのである。

澄子さんはそんな中、お花の稽古《けいこ》に余念がなかった。バラック建てのわが家では、せっかくの生け花もはえないので、教会の床の間に、あるいは玄関に、自ら買い求めた四季折々の花を、精魂こめて生けてくださった。教会に一年中、花の匂《にお》いがするようになったのは澄子さんのおかげであった。やがて澄子さんは師範免許証を得られた。

普請はつつがなく完成した。この母娘にとって、四畳半一間ぐらいがやっとこさというところであったが、床の間のついた、玄関も広い十五坪の本建築が出来上がったのである。そうしていまは、奥の六畳の間には立派な神床が造られ、ここでも朝夕親神様へのお礼とお誓いのおつとめが勤められている。もう一方の六畳は生け花を習うお嬢さんたちにも開放されている。そうして、いつも床の間と玄関に、優雅な美を誇るお花が鮮やかに生けられている。

まさしく、まいた種どおりの実りであると悟らなければならない。

与えられた〝時の動き〟

（1）ふと目に止まった書物

新刊書を紹介する新聞広告を眺《なが》めたり、書店をうろうろしながら目に止まった図書のページを繰ったりして、時々は買い求めて読んでみる。しかし強い印象となって、いつまでも頭に残るものは数少ない。もっとも私などの狭い読書遍歴では、それは、むしろ当然である。

私の読書範囲が、ほとんど教内の信仰書に限られているし、教外のものでも私の読書欲は、人生論や人生観を平易に説いたものにしか湧《わ》かないからである。

ただ教祖の教えと、先哲の書き遺したものとの間に、どのような、またどれくらいの開きやへだたりがあるかは、私の一生の課題でもある。それは最《だ》後《め》の教えという中身をさらに深く探究したいがためにほかならない。

1　湯川博士の『旅人』

ノーベル賞受賞者・湯川秀樹《ゆかわひでき》博士の『旅人』という自叙伝の中に、次のような文章がある。

「何ごともなく通りぬけて来た草原に、実は深いおとしあなが掘られていたのだと聞かされたら、人はみな、あとから身ぶるいをするだろう。おとしあなは大きく、落ちれば助かりようもない。しかもその上にはつる草がしげって、すぐ近くを歩いても、それと気づかない――。

私の平坦《へいたん》な過去にも、思いがけない危機はあったのかもしれない。けれども、それを聞かされた時は、すでにその時から、三十何年も経《た》ってしまっていた」

博士の言われる三十何年前の危機というのは、博士が旧制の中学校を卒業して進学するときに起こったのである。博士の父は、博士を専門学校へやろうかと考えておられた。それに対して母は「どの子にも同じような教育を受けさせてやりたいと存じます」と言われ、また博士の才能を惜しんだ中学の校長先生も「湯川君は、数学に関する限り天才的なところがあるから」とすすめられたので、結局、京都の第三高等学校へ進学されたのである。もし博士がその当時、専門学校に進学しておられたら、あるいは世界に貢献された今日の名声はなかったかもしれない。

三高で博士の数学の才能は、大いに伸ばされた。しかし立体幾何《きか》の試験のとき、先生の講義中の証明どおりに答えなかったばかりに、博士は正しい解答をしながら注意点を与えられた。そこで、こんなものに一生を託するのはイヤだと、それ以来数学者として身を立てることを断念されたのである。

その当時のことを回顧して、博士は「私が三高で、この先生とめぐり会ったということは、運命のいたずらであったのかもしれない」と述懐されている。

また、この本の中に、次のような言葉も記されている。

「人間の歩いている道が、どこで、どんなふうにカーブするのか、あるいはどこで岐《わか》れ路《みち》に出会うのか、それは容易に予測できない」

「私の潜在意識が、もっと前から、数学を捨てて物理学を選ぶチャンスをねらっていたのかも知れない」

この〝おとしあな〟〝運命のいたずら〟〝岐れ路〟などの文字をどのように考えるか、ここに人生のもっとも肝心な課題が隠されているのである。

ノーベル賞の湯川博士でさえ、不思議でならないという言葉を、あちらこちらで使っておられる。確かに人生には、至るところに〝おとしあな〟があり、〝運命のいたずら〟があり、〝岐れ路〟がある。しかも、それは一人ひとりの行く手に待ち受けているものである。幸運にも、その〝おとしあな〟に落ちずにすんだ人もあろうし、また知らずしらずにとうとう〝おとしあな〟に落ち込んでしまった人もあろう。こうしたとき、〝おとしあな〟に落ち込むのも落ち込まないのも偶然であったと思うかもしれない。

しかも、その偶然から長い生涯の喜びが始まることもあれば、深い苦悩が始まることもある。不運にも〝おとしあな〟に落ち込んで身動きできなくなったとき、人はややもすると、それを〝運命のいたずら〟と嘆いたり、仕方がなかったと諦《あきら》めたり、あるいは、やけくそになったりするが、どうして自分が〝おとしあな〟に落ち込んで苦しまねばならないのか、その根本をよくよく思案しなければならない。

2　ヒルティの『幸福論』

スイスの聖者といわれたカール・ヒルティは、その『幸福論』という著書の中で、

「幸福の第一の必要欠くべからざる条件は、倫理的世界秩序に対する堅い信仰である」

と述べている。なるほど、

〝幸福とは何ぞや〟

と問われれば、いろいろな内容が答えとして出てくるであろう。

〝まず健康であること〟
〝いや、衣食住に恵まれること〟
〝夫婦仲よく通ること〟
〝子供が親以上に伸びること〟
〝よき職業に恵まれること〟

などなど。

しかし、もっと根本的な問題として、この秩序なしに、この世界が弱肉強食の世であるとか、地獄の沙汰《さた》も金次第という金の世であるとか、偶然よくなった、偶然に悪くなったとかいう偶然の支配する世の中であったら、人間はみな力を養うか、金をむさぼり取るか、偶然を頼みとして努力を放棄するか、になってしまう。人間はみな悲しい存在となり、その行動の基準がなくなってしまう。ヒルティはさらに、

「もし世界が偶然によって支配され…（中略）…あるいは人間の策略と暴力によって支配されるものならば、個人にとっての幸福は、もはや論外たらざるを得ない。

そのような世界の秩序においては、個人に残されていることは、暴力をふるうか、それとも暴力を受けるか、鉄槌《かなづち》となるか、それとも鉄敷《かなしき》となるかである……」

とつけ加えている。

偶然としか考えられないような場合でも、どこかに必然的な力が作用しているとみるほうが、本当ではなかろうか。しかもその力は、人間を地獄に追いやる冷たい力としてではなく、心底では最終的に、人間を救済されようとする温かい力として……。

悪い種は、一時は良くなったように見えても、その実は悪い花が咲き、悪い実がのる。よい種は、一時は悪くなったように見えても、やはり良い花が咲き、良い実がのる。そこにこそ行動の定規《じょうぎ》があり、幸福を求める確かな道が見いだされる。

〝まいた種は、そのまま正直にみな生える〞

それは、その実証を周囲に探し求めるよりも、むしろ信仰でなければならない。

その信仰の上に立たなければ、幸福論は成り立たない。

瞬間にたすかるのも、あっという間に身を滅ぼすのも、決してその場だけに原因があるのではない。偶然に見える中に、そうならしめた元が秘められ、奇跡的な現象の影に、当然の種まきがあるというのが真実ではなかろうか。

いやなお客に出はなを襲われ、予定時刻の列車を見送ったばかりに、脱線や転覆を免《まぬか》れた人もあれば、その反対に、安全地帯にいながら命を落とした人もある。一度の訪問で用の足りるときもあれば、何度足を運んでも、いつも留守居にぶつかるときもある。方々に頼んでおいた縁談が少しもまとまらず、ひょっとしたときに結婚話が成立する。

良きにつけ悪《あ》しきにつけ、これらのことが文字どおりの偶然であるならば、人間の存在ほど、はかなく哀れなものはない。そこには幸福を追求する基本的な土台がゆすぶられてしまう。

〝倫理的世界秩序に対する堅い信仰〟——この信仰の上に立って、人間は初めて努力のしがいも生きがいも生まれてくるのである。

（2）予期しない事柄

〝一年の計は元旦にあり、一日の計は晨《あした》にあり〟といわれているが、晨では遅い、前の晩から考えておくべきだと、私は小学校時代に、ある先生から聞いたことがあった。

なにごとにもせっかちな気性の私には、そのままうなずける言葉であったが、さてその後の人生には、予定もしないときに、予定しないことが起こって、事志と違ったり、予定以上の結果が得られたりした。

あるモデルを画《か》きかけながら、一方にはいつでも白いカンバスを準備しておく必要があることを知ったのである。いつ、どこで違ったモデルを描けと提供されるか分からない。私たちの心には、大きな幅と柔らかさ、あるいは素直さなどが要求されるのである。同時に予期しない事柄を意義づける悟りの力を、日ごろから培っておかねばならないと思うのである。

1　留置場の父

後半生のたすけ一条の道を誓って、商店を上級の信者に譲り、両親が栄《は》えある第一歩を横浜にしるしたのは、昭和十一年八月二十八日であった。

それはちょうど五年前、娘をたった一晩の疫痢《えきり》で、あっけなく失ってしまった出直しの日でもあった。

〝お父ちゃん、お母ちゃん、頑張ってネ。あたいがジッと見ているヨ〟

どこからともなく、可愛《かわい》い声が両親の耳に聞こえてハッとした。一瞬、身がシーンと引きしまるのを覚えた。

〝どうせ横浜に来るなら、ひとまず私の所に足を休めてください〟

と義弟（私の叔父《おじ》）から届いた好意の葉書一枚に甘えて、ただ一組の布団だけを、チッキ（鉄道で託送する手荷物）にして送ってあった。ほんの一時の仮の宿で、初めから短期間のつもりであった。

二人はいったん、そこで旅装を解くと、間もなく父は一人フイと街に出た。仕事のない部屋に、いつまでもぐずぐずしておれなかったのである。

母は過去三年間、この街で単身布教をしていたので、その布教先をたどって、にをいがけの挨拶《あいさつ》回りに出た。

そんなわけで、母には多少くつろげる家もあって、夜の時間さえ使うことができたが、父は商売以外の経験はなく、いわばとうとう〝ついて来てくださった方〟なのである。これからはあまり不自由をかけてはならないと気づかって、夕刻、家路を急いだが、父はとうとうその晩、叔父の家に帰っていかなかった。そうしてその翌日も、またその翌日も姿を見せなかった。くそのつくほど真面目《まじめ》で堅く、やりだしたら人一倍熱心な父の性格を、母は十分のみこんでいた。

〝主人はきっと病人さんを見つけたのでしょうネ。いつもの得意の真実で、寝ずの看病をしているに違いないワ〟

母は、まことに救われた心境であった。

ところが九月一日になって、叔父にあてて警察署から呼び出し状が届いた。父は病人の世話どころか、布教の第一夜、第二夜、第三夜、第四夜を留置場で明かしたのである。

義弟に連れられて、父はようやく顔を見せた。母はびっくりして、その顔をのぞきこんだ。

「私はナー、何もしないで義弟の家にお世話になってはいられない。これからの半生、どうせ布教師として暮らすなら、野宿から始めようと思ったんだ。二十八日の晩、ねぐらを探してガードの下の辺をうろうろしていた。そうしたら巡査につかまって、伊《い》勢佐木《せざき》署にぶち込まれてしまった。私が何を言ったって全然聞かないし、ぐいぐい引っ張られて、アッという間に放りこまれたんだ。

あの牢屋《ろうや》、六畳ぐらいだったが、隅っこに便所があって一日中臭かった。その中には先住者が七人ほどいて、何だかんだとよくしゃべっていたが、私は新米だから、ずっと隅っこにしゃがみこんでいた。朝昼晩、差し入れの食事はあったけど、私は別に悪いことをしたわけではなし、囚人の口にするものは一切食べるものかと決心して、とうとう四日間、水一滴も飲まなかった。

しかしそんなことよりも、にせの布教師と思われてはいけないと思って、十柱《とはしら》の神様の名前を一生懸命思い出そうとしたが、それがなかなか出てこないんだヨー。誰《だれ》に聞くわけにもいかず、全く困ったネー。

さんざん考えぬいて、やっと思いついたときは、もう、私が出るときだった。何日も何日も取り調べもしないで、もう帰っていいなんて、まったくいい加減なところだ。まあまあ、それでも一生に一度の変わった体験をさせていただいた。先になったらいい話の種だナー」

幾日も何一つ口にしなかった父の面は、さすがにやつれていたが、最後まで操《みさお》を立て通した布教師の面目は、眼の光を通してありありと感じとることができた。

教祖の尊いひながたの一端を、父がこんな形の中からでも通ってくれたことを、母はむしろ感謝さえした。そうしてお茶をすすめたが、父は一通りの報告を済ませると、さっさと作業着に着替え、庭に下りていった。

さっそく松の木に登って、松葉の手入れに余念がなかった。不必要な枝や枯れ葉のとられた松は、すきっとして清楚《せいそ》な姿に変わった。それはそのまま商人から脱皮した布教師の清らかな姿であった。

暗い一室から解放された空気のうまさ。それは利害損得の世界から離れて、親神を肌で感じる信仰三昧境であったに違いない。

〝よし、これで何でもやれるぞ〟

と父の心には、むしろ勇気さえ湧《わ》きあがってきた。

予定しないときに予定しないことが起こって、予定以上のものを頂く――人間知をはるかに超えたところに、親神様の温かい配慮が悟られてくる。

それ以後の布教生活は、父にとってもこの留置場の件があっただけに、何ごとにぶつかっても、明るさと喜びを回復することができたのである。

私の両親の懐古談の一齣《ひとこま》である。

2 火事だ！

私が横浜から単独布教に出たのは、昭和二十三年五月十四日であった。そうしてその第一夜を、かねて母から交渉のとりまとめてあった信者宅で明かした。化粧材などが格納されてあった二階六畳の間を片づけ、そこに畳が敷かれてあった。野宿することを思えば、まさしく大名の出発であった。

幸い、この六畳に床の間があったので、ここを神床とすることができた。神床とはいっても、階下に無雑作に置いてあった不要らしい机の抽出《ひきだし》を借り、それを床の間に反対向きに置いて、その上に持参した風呂敷をかけ、「おかきさげ」を立てただけであった。布教日記をつけるつもりで持ってきたノートを破って、四垂《よたれ》を五枚作り、握り飯のご飯粒でそれを床の間の上に貼《は》りつけた。これで製作終了であった。

ようやく暗闇《くらやみ》も深くなったので、ゴロッと横になったが、布団がないと、どの辺に寝たらいいだろうかと考えるような始末であった。隅っこでは窮屈だし、真ん中では広々とし過ぎるし、まあ自由に転がっているうちに眠りに入るだろうと思っていた。

「若先生、布団を持っていってくださいヨ。先ほどは断られましたが、二階で若先生がゴロ寝していられるかと思うと、やっぱり私、眠れません。私をたすけると思って、布団を持って上がってくださいヨ」

と、信者でもある階下の奥さんから声がかかった。これ以上拒むのもいけないと思い直し、まったくもったいなくも布団にもぐりこんだ途端、深い眠りに落ちてしまった。

その真夜中、〝ジャン、ジャン、ジャン〟と時ならぬ半鐘《はんしょう》の音で目が覚めた。二階の私の部屋の窓を開けた。赤々と炎が夜空に上がっている。火事だ！

さっそく出かけていって、荷物の一つも運ばねばならぬ、と思ったが、西も東も分からない未知のこの街。明朝にしようと心を落ち着けて、再びもとの眠りについた。

翌早朝、簡単に洗面を済ませて、火事場に行ってみた。三軒がまったくきれいに焼け落ちていた。罹災《りさい》者らしい家族の方々が、焼け跡に何か残っていないかと、灰の中をかき回しておられた。

「子供の枕元から火が出て、子供を連れ出すのが、やっとだった。何一つ取りに入る暇がなかった」

という声が私の耳に入った。フトこのとき、この三軒の方々と私と、どっちが財産家かナーと考えてみた。私のほうが金持ちだと心底から思えた。

〝私には、拍子木、チャンポン、ノート、米一升《しょう》などがある。この人たちは、何もないではないか。まったく世の中には、何一つない人もあるものだナー〟

それは強い実感となって、私の心の芯《しん》に残った。

〝たすけてあげなければならない〟

私は、たすける側の心になっていた。三軒以外は、みなそれ相当な家であるのに、そちらには、私の眼がいかなかった。

この火事場を見ることによって、それ以後、何もない六畳の間を寂しく思うことから私は救われた。殺風景な部屋だナーという思いから解放された。おかげで私は、根拠地で貧しさという悩みを忘れさせていただけたのである。

火事場から帰ってくると、階下のご主人に会った。この方には信仰はなかった。

「一瀬さん、きょうから布教ですネ。どうせ行くんでしたら、金持ちの宅のほうがいいでしょう。そのほうが実入りがいいですものネー。貧乏人じゃ、しようがありませんヨ。

実は、この街一番の財産家に小児マヒの娘さんがあるんです。道順を教えますから、行ってごらんなさいヨ」

との言葉を頂いた。程経てそこを訪ねた。塀《へい》をめぐらした大きな工場の本宅であった。

〝玄関先でベルを押したら、まずい〟

取り次ぎのお手伝いさんが出てこられるに決まっている。「ちょっと、伺ってみます」と奥へ入られたら、断られるのが通り相場である。私は本宅を一巡した。そうして話し声の聞こえる居間らしい窓を開けた。

「天理教の者ですが……」

と口を切った。私の眼に立派な仏壇が映った。一間は優にあった。

「私の家は仏教で……」

と、実に丁寧《ていねい》なお断りの言葉があった。

〝良家は断り方も感じがいいナー〟

と私は思った。しかし、私は引かなかった。

「靴下でもちょっと破れていると、もう使えんと言ってしまいます。ところが破れた部分は少なく、破れていないほうがずっと多いものです。破れたほうを見ると、使えないということになりますが、破れていないほうを眺《なが》めると、少し繕《つくろ》えばいいネーということになってきます。

足の悪い方が足を気にすると、私はもうダメだとなりますが、私は眼は見える、耳は聞こえる、手は動くとなれば、心は勇んできます。何かしてでも世の中の役に立ちたいと思うようになります。悪いほうに気をとられないで、いいほうを眺め、明るくにぎやかに一日々々を過ごしてくださいネ」

と、窓の外から笑顔で語りかけた。ちょうどそのとき、そばにいた娘が這《は》い出した。

・・・お手洗いだったのであろう。

〝アッ、あの娘さんが小児マヒなのか、かわいそうに〟

と思った途端、私は自分の足の健全さに気がついた。

〝私はありがたいナー。恵まれているナー〟

と、また実感が、私の心の底に響いた。

間もなくお手洗いらしい所から、その娘さんが居間に帰ってきた。この辺を潮時《しおどき》と思って、私は次の機会をねらって、

「大変、お邪魔しました」

と言って窓を閉めた。そのとき、

「ハ、ハ、ハ、ハー」

と嘲笑《ちょうしょう》の声が、私めがけて聞こえてきた。私は、慎《つつし》んでこの声に合掌して門を出た。

それ以来、この街に神名を流すために、どれほど歩き回っても苦しいとは感じなかった。

〃世の中には、こんなに足の悪い人もいるんだヨ〃

それは、親神様の声なき声の賜物《たまもの》であった。私は、布教師は歩いて歩いて歩きぬくものだという外でのはたらきに救われ、部屋に帰ってからの内での生活にも救われた。両方とも先回りされた親神様の親心によるものであって、父の留置場と同じく、少しも予期しなかった事柄であった。ほとんど無一物に近い私が、財産家をたすけたいと思ったのだから、布教師は面白いものである。

翌日は雨であった。傘はなかったが、ガランとした部屋に閉じこもっていても仕方がないので、私はひさし伝いに外に出た。

通りで五十歳ぐらいの病人を見かけた。私は雨を商店の軒先に防ぎながら、あとをつけた。その方は牛乳屋に立ち寄り、次いで肉屋に入った。私は反対側の商店の前で何げなく見ていた。

〝栄養を取らねばならないらしいナー〟

と感じた。気の毒にと思う心は動いたが、粗食のために私もほしいナーと思う心は、全然なかった。病人の歩みは遅い。軒伝いにゆっくり歩いてよい加減であった。

〝おや、薬屋か！〟

随分金のかかる方だナーと、わが身の健康を感謝しながら、なお、あとを追った。とうとう、その病人の家を確かめることができた。

後日、幾度かこの家に足を運んだが、ついに親神様のお話を聞いていただくまでにはならなかった。しかし雨の日に傘なしでも人だすけのチャンスはある、ということを、この人を通じて学ぶことができた。

私の生涯に残る思い出は、他の人のおたすけに力を加える結果となって生きた。

確かにこの世は、どんな場合にも、どんなときにでも生きがいを発見できる楽しい舞台である、と私は、この尾行のおかげで悟ることができた。

3 「教会にしてもらいたい」

「一瀬君、この布教所をぜひ教会にしてもらいたい」

上級の会長さんがお訪ねくださって、思いがけないお言葉を頂いた。単独布教を開始してから、まだ三年にもなっていなかった。

「会長さん、そのことについては、ゆくゆくは考えていますが、また、えらい急ですネ。まだまだ教会になる力なんかありませんヨ。どうして、そんなに急がねばならないのでしょうか?」

私は、会長さんの眼を見つめていた。

「実は私の長男の身上がどたん場に迫ったとき、十カ所の名称設置を心定めして、おさづけを取り次いだ。おかげで君も知っているように、すっかり丈夫になってご守護を頂いた。

親神様に誓った以上、もとよりうそをつくわけにはいかん。そこですぐに頭に浮かんできたのが、君の所だ。君がその皮切りをしてくれれば、きっと横浜（私の親許《おやもと》）で二、三カ所は同時に出願できる。その勢いに乗じて大阪方面でも六、七カ所は何とかなるだろう。

子供をたすけると思って、突破口を切り開いてくれんかネ」

会長さんの長男といえば、私にとっては将来の理の親となる方である。理の親をたすけるのに、もとより一言半句の反対があろうはずがない。

〝人だすけ人だすけといっても、親をたすけることが、中でも一番肝心な道だ〟と私はかねがね思っていた。もはや、信者の数も少なく、建物の粗末なことも考えず、このお言葉を〝神の声〟と素直に受け取って、さっそく教会出願の準備にかかった。

設立願書の一切が整ったところで、東京教務支庁から視察の日時を知らせてきた。ところが誰《だれ》が見ても、ひど過ぎる境内建物である。平面図では、なるほど神床、参拝所、六畳、四畳半などとなっているが……。

黒丸は柱であり、線は壁である。七、八寸もあるような柱も黒丸で描けるが、私のところの柱は、材木の梢《こずえ》の部分で造った多少曲がりのあるものであった。線で表現された壁は、白壁どころか、これまた梢の部分の板で囲ってあるものでしかなかった。それが二年余りの風雪をしのいで、適当に勝手にうねりを見せている。隙間《すきま》からは容赦なく冷たい風が漏れていた。とうてい模造紙などで隠せるような具合ではなかった。だいたい布教して半年後、一カ月ぐらいで建てたバラックが建物の中心になっている。それを前後に延ばし、左右に広げたもので、屋根のひさしなどは、ほとんど勾配《こうばい》はなかった。

そんな粗末なものであっても、私にとっては感激の遷座祭を行って、二階住まいから脱皮した当時が蘇《よみがえ》ってくる。

犬小屋か倉庫のように三方を囲って、玄関だけに二枚戸が入っていたのが最初のものであった。三方囲ってあると、部屋の中はいつも暗い。現在のような蛍光灯はあまり使われておらなかった当時である。朝から晩まで裸電球がついていた。みずぼらしい感は免れなかった。

そんなある日、一人の信者さんが建具を一本かついで持ってこられた。

「先生、これお供えですヨ」

と言ってくださった。

「おー、あんたも、えらいものをお供えするようになったネ。初めのうちはお茶菓子、しばらくしてから一升ビン、そのうち湯呑茶碗《ゆのみぢゃわん》や竹箒《たけぼうき》……。随分成人してくださったナー。この布教所を、わが家と思い親許と思ってくださるようになったのネー。でもネ、建具というやつは、敷居がないとはいらないんだヨ。ありがたいけどよわった・・・・・・ナー」

と言った途端、

「私だって、そんなことぐらいは百も承知してますヨ。だから建具の四隅のところが切ってないんです」

「あー、そうだったのか」

　思い出しても楽しい会話であった。

　そんなわけで、さっそく鋸《のこぎり》で南側の板壁を上から下まで切り落とし、五寸釘《くぎ》を四本打ちつけてくださった。こうして絶対動かないガラス戸が一枚はいった。部屋が一ぺんに明るくなった。

　表から帰ってきた長男（三歳）が、

「お父ちゃん、お父ちゃん、ほらほら、おうちから雲が見えるヨ。空が見えるヨ。ワーイ、ワーイ」

と飛び上がって喜んだ。陽《ひ》の光の射《さ》し込んだうれしさは、私にとっても十畳も二十畳もある部屋を増築したようなものであった。しかし、この感激は私のものであっても、視察に来られる先生のものではない。

下屋《げや》を下ろして建て増した部屋の庭側には、障子《しょうじ》がまわっていた。外界との境になるのであるから、普通はガラス戸で、その上に雨戸まであるところが多い。せっかく障子紙を貼《は》っても、ちょっときつい雨が当たれば濡れて破れてしまう。とうとう障子紙ではもったいないから、新聞紙や包み紙で間に合わせていた。そのころは、もう障子紙を買っても買えないことはなかったが、そんなわけで障子紙代を上級にお供えし、色とりどりの印刷文字入りの周囲を眺めながら、〝神の国〟の感慨に毎日浸っていた。

お手洗いに入れば、四斗樽《だる》が下に埋めてあった。やはり便所がめを買ってくださいといって、多少余分のかめ代をもらったが、これも上級に尽くさせていただいて、八百屋《おや》からもらった樽で事足していた。そうして、そのお手洗いの中に〝通さぬは通すがための道普請〟と書いた手製の小型の掛け軸を吊《つる》しておいた。

買えないのなら寂しい心も起きるであろうが、買えば買えるものを買わないで、自ら進んで不自由を味わうことの中に、成人した喜びが知らずしらずに湧《わ》いてくるのであった。尽くした人にのみはね返ってくる信仰的感激というものであろう。しかしこれもまた、私の喜びであって、視察される先生には無関係なものである。

神床のすぐ前の参拝所には畳が敷いてあったが、玄関から上がったすぐのその部屋は、薄べりであった。もともと粗末な床板であったから、その上を歩くたびにペコペコと音がした。どうひいき目に見ても、教会の看板の掛けられるような建物ではなかった。それでも内部の雰囲気には、共々に成人していく意欲が満ち溢《あふ》れ、人だすけへの炎が燃えていた。

いよいよ視察の先生の到着される時間が迫った。ありったけのハッピに勢揃《せいぞろ》いして玄関前に並んだ。ただし戸は開けたままであった。靴脱ぎ場にコンクリートを流し込むことは分かっているが、建物に土間のほうがつり合っているので、セメント代を、これまた上級に送ってしまった。したがって敷居が縄跳びの縄のように宙に浮いていた。ここに参拝される方々は皆、この敷居をまたいでくださった。そこに滑りの悪い玄関戸があったので、いちいち手で戸を持ち上げながら引かねばならなかった。いっそ開けっぱなしのほうが、すっきりしていると思って、開けたまま先生の来られるのを待ったのである。

やがて東京教区の主事、辰巳《たつみ》源三郎《げんざぶろう》先生がお見えになった。玄関をまたがれた。

〝さあ、どうぞ〟

と、私はお上がりいただくよう手を出したが、先生は玄関先に突っ立ったまま、ジロジロと建物の内部、次いで全体を見回しておられた。

〝随分ひどい建物だなアー。これで教会になるつもりか？〟

と、きっと言われるであろうと私は覚悟をしていた。だから上級の会長さんに、まだ早いと私は断ったのだ。私が教会になろうと思ったのではない。会長さんのせいだ、と内心は弁解の言葉を探していた。

ややしばらく眺め回られた辰巳先生の第一声――。

「あー、懐かしい建物だなー。私は竹の筒にお粥《かゆ》をつめて単独布教した昔を思い出した」

百人が百人とも、なんてボロな家だと言われる建物に、

「あー、懐かしいなー」

という感慨を漏らされたのである。私は途端に、

〝しめた……〟

と思った。次いで、

〝偉い……〟

と思った。通った人は違うと思ったのである。やがて先生は丁寧《ていねい》に、ご神前に額《ぬか》ずかれた。

「一瀬君、君のほうが話も文章もうまいから、この視察の用紙を書いてくれるといいのだがナー」

と、冗談をおっしゃった。

「とんでもございません。よその教会の分でしたらカバン持ちして書きますが、自分の所はそうはいきません」

「やっぱりそうか。仕方がないナー」

そんな、ざっくばらんの会話から始まって、先生は、自分の布教当時の思い出話をくり広げてくださった。

「ところで、いま普請中の東京教区の神殿に、さっそく一万円頑張ってくれよ。君が教会になるみやげだ」

と結ばれた。

「ハイ、必ずやらせていただきます」

私は、はらはらしながら迎えた視察に、見事合格したらしい気配を読みとって、きっぱりこう答えた。

「さあ、それじゃ次の教会へやらせていただこう」

と先を急がれる模様であった。私は急いで家内や皆に、用意してあったご馳走《ちそう》を運ぶよう督促した。しるしばかり召しあがると、先生は浅見《あさみ》支部長をせき立て、やおら立ち上がられた。私も次の視察先まで見送らせていただこうと思って、先生のカバンを持って立ち上がった。

玄関を出て横通りを曲がった。見送ってくださった信者さんの姿も視界から去った。それからの対話である。

「一瀬君、きょうは君の奥さんの顔を見に来たんだよ」

「とんだご冗談を。だって視察に見えたのですから」

「いや、奥さんの顔を見に来たんだ」

二度も重ねられた同じ言葉に、私は当惑した。

「だって、視察してくださったじゃないですか？」

「うん、いい笑顔だったナー」

視察中は先生に気をとられて、家内の顔など見る暇は私になかった。

「だって先生、きょうは、もしかしたら教会になれるかもしれないのですから、家内にとっても、うれしいのは当たり前でしょう」

「私は、だてやすいきょうに二十年も三十年も道を通ったのではない。心から勇んでいる笑顔か、一時仕方なく浮かべた笑顔か、一目見りゃすぐ分かる」

　そりゃそうだろうけど……。女房を賞《ほ》められて悪い気はしなかった。黙って私は、ニコニコしていた。

「単独布教師の妻ともなれば、家計の苦しさや、浅い信者の丹精に疲れきって、寂しい顔をしている者が多い。君の奥さんはいい笑顔だった」

「…………」

「奥さんのあの笑顔に、教会設置の具申書の印を捺《お》すことに決めた」

「…………」

「いまは、どんな粗末な教会や商店でも、その台になる奥さんに笑顔があれば、将来伸びる姿が約束される。その反対に、どんなに立派な教会や商店でも、その奥さんに笑顔がないと、先々細っていく運命が感じられる」

「…………」

「『いつまでしん〴〵したとても　やうきづくめであるほどに』と、教祖はおっしゃった。君の奥さん、大変な布教道中を、よくあの笑顔で通ったナー」

さすがは辰巳先生。すばらしい一口教理に、私はただ黙って聞き入るばかりであった。知らぬ間に、次の視察教会の玄関先についていた。

そこから引き返す道々、〝なぜ家内は、あーまで賞められるほど笑顔で通ることができたのだろうか?〟と思案してみた。とっさに浮かんできたのが、単独布教に出る前の三年間であった。姑《しゅうとめ》である私の母の仕込みに耐えかねて、家内は毎晩流す涙で枕を濡《ぬ》らした。泣いて泣いて泣きぬいて、ようやく治まって、それから布教に出たのである。それ以来約三カ年。

少々食べ物がまずくとも、にをいがけ先やおたすけ先で苦労しても、できかけた信者に後ろ足で砂をかけられる目に遭《あ》っても、姑に仕える苦労から思えば物の数ではなかった。むしろ私と共に歩む日々は、少しオーバーな表現をすれば、ハイキングをしているようなのどけさがあった。泣きぬいた顔に笑顔が回復し、やがて心底からの笑顔が深く刻み込まれたのである。

考えてみれば、家内の笑顔に許された教会設立の印は、とりも直さず、子供の将来を思う母の仕込みに与えられた印であった。さらにつきつめれば、母を通して働いておられた親神様の親心によって、守られ生かされた教会設立の印であった。

それにしても〝一瀬俊夫の布教に免じて、あるいは教会になれるだろう〟と助平心に思ったのに、私については何ともおっしゃらなかった。何となくつまらない気もせぬではなかった。しかし泣きべそをかいた家内の顔に笑顔を刻んだのは、この私でもある。

陽気ぐらしに向かうようふぼくの仕事は〝笑顔の彫刻師〟なのだと、そのとき気がついた。同時にまた〝真の陽気ぐらしは、絶望を通してのみ与えられる〟と悟ったのである。

　絶望して画家が絵筆を捨て、カンバスを切る。音楽家がバイオリンをへし折り、ピアノを叩《たた》きつぶす。やがて、こんな悲哀のどん底から再び立ち上がって、もう一度絵筆を握り、ピアノをひくようになる。それから、初めて一人前になれるのではないだろうか。

布教師となった以上は、街中をたすけ上げると意気込んだ出発があったのに、誰《だれ》一人神様のお話を聞いてくれる者がなく、とうとう絶望して〝俺《おれ》は、しょせん人を導く資格がないんだ〟と自暴自棄に追いやられる。その奈落の底から、一生かかって、たった一人の老婆でもいい、たった一人の不良少年でもいい、教祖のひながたのまにまに、もう一度おたすけをやり直そうと立ち上がる。

思いあがった高慢の鼻がへし折られ、低い心になって、一歩々々着実に自らの足で歩むようになる。この道程が実に価値の高いものではないだろうか。

絶望！

それは、真の陽気ぐらしの一歩手前にある。

この日の視察は私にとって、本当に得がたい貴重な宝の一日であった。

4　歓送迎会の朝

粗末な建物ではあったが、家内の心底からの笑顔に将来を期待していただき、昭和二十六年四月二十六日、親神様から教会設立のお許しを戴《いただ》いた。その笑顔を刻んだ私にとっても、かつて嫁姑の問題があっただけに、喜びはひとしお深かった。

当時この新設教会から、二人の婦人を修養科に送っていた。そうして両方のご主人と子供さん方を、教会内に預かったのである。一方には二人の子供さんがあり、他方には三人の子供さんがあった。そのうち二人ずつが小学校に通っていた。

「さあ、みんなできょうはおぢばにいるお母ちゃんたちに手紙を書こうネ」

と家内が言った。四人はそれぞれ懐かしい母親の姿を瞼《まぶた》に浮かべて、一生懸命鉛筆と消しゴムを動かした。

「みんな書けた？　おばちゃんに見せてごらん」
と言って、その文字を一字々々、家内は拾っていった。家内の眼に涙がにじんできた。それもそのはず、〝お母ちゃん、いつ修養科が了《お》わるの。おばちゃんは、あっちの子ばかりを可愛《かわい》がるのヨ〟と書いてあったし、片方には〝お母ちゃんの顔が見えなくて寂しいの。だって、おばちゃんはあっちの子ばかりに話するんだもん〟としたためてあった。

家内にしてみれば、わが子以上に、五人を五人とも平均に可愛がっていたはずだのに、両方の子供とも、自分たち姉弟でないほうを大事にしていると、それぞれ母親のいない寂しさを、家内のせいにして訴えていたのである。

「理の親がいくらいい人であっても、実の親を慕う感情は、理屈や理論を超えている。だからこそ実の親に成人していただかねばならないのだ」
と私は、しみじみ家内と語って、無駄苦労に見える道中を励ました。

私たち自身に三人の子供があったのだから、八人の幼い子供たちを朝から晩まで世話する家内にとっては、修養科以上の苦労があった。こんなことから、継母《ままはは》、継子《ままこ》の間の勉強もさせていただくことができた。まさしく通って初めて分かる道であった。自分たちは実の親子であっても、人をたすける道中で学べる貴重な体験であった。

教会の看板を掲げてから一年ほど経《た》ったとき、私たちの長男が片足のモモに痛みを覚えた。そのために、足を伸ばしたままとなった。曲げられなくなったのである。あまりにも様子がおかしいので、医者に見せたところ、筋炎という診断を受けた。注射もしてもらい、飲み薬も与えたが、頑としてそれらを受けつけなかった。

私は長男をおんぶして、上級である母の教会に月次祭のため帰った。家内は二男を歩かせ、三男を背負って、私と一緒であった。母は、

「立川《たちかわ》を引き揚げて、この横浜に帰ってくるんだネ」

と、約束の三年間はもう過ぎたと私に言った。折れるべきところは折れねばならない。立川のほうは、後任教会長を決めて、母の教会に戻ろうと心を定めると、長男の足が

ほんの少し曲がったような気がした。

布教地に引き返して、その旨を信者さんたちに伝えると、

「先生、私たちはやっと信仰の入り口を学んだだけです。生みっぱなしにしておいて、もう捨てて行くんですか。そんな先生とは思いませんでしたヨ」

と、いっせいに私たちを責めた。

「ほんとにそうだネ。それじゃ来月横浜に行ったとき、母に懇々《こんこん》とお願いすることにしよう」

と、みんなの不安げな顔色を見て答えた。そうするとまた、少し曲がりかけた足がピーンとまっすぐ伸びるのであった。

翌月、また同じことを繰り返した。

「弟たちが単独布教に出る旬を遅らせてしまいますヨ。あなたたちだけがよかったら、それでいいというものではありません。何とか向こうは任せてきなさい」

と、母は強く私に要求した。私は立川・横浜間の定期券を買って、行ったり来たりす

ることにした。しかし根城《ねじろ》は、まだ当分立川に置くことにした。それでも長男の足は、わずかに曲がるようになった。さっそく立川に帰って、母の言葉を取り次ぐと、

「横浜なんか先生がいらっしゃらなくても、会長さん（私の母）はじめ皆さんが揃《そろ》っていらっしゃるじゃないの。

こちらには満足に教理を話せる人は、まだありませんヨ。そんなんなら先生、ここを教会にしなかったらよかったのに……」

まったくそのとおりだった。長男の足は、また伸びきったように見えた。

こんな容体が二カ月も続くと、もうこのまま足が固まって、生涯、身体障害者にするのではないかと心配になってきた。

次の月、横浜の市立大学病院に診察を受けに行ったが、やはりそのままであった。五歳になった長男の重みが、長い道中で背中にズシリとこたえた。弟は布教の根拠地を探していた。

「俊夫、いい加減にしなさい。七重《ななえ》の膝《ひざ》を八重《やえ》に折っても、みんなに了解してもらい

なさい」

私たちは理の親と理の子の板挟みとなった。そうして長男の妊娠中の嫁姑の問題を思い起こして、心底からさんげした。私は定期券で相変わらず往復するが、本拠地は横浜に移すことについて、一生懸命立川の信者さんたちに説明した。

かくて、いよいよ引き揚げと決まり、横浜で私たちと弟たちのために単独布教歓送迎会を催してくださることになった。

上段の両側に円座が五枚置かれた。一枚は祭主・会長のため、教祖側二枚は迎えられる私たちの分、祖霊《みたま》様側二枚は送られる弟夫婦の分であった。いざ、この式典にかかろうとする朝、三カ月も筋炎でほとんど曲がらなかった長男の足が、ものの見事に曲がって、元の健康体に戻った。それはまったく奇跡的なたすかり方であった。

よほどこの日を親神様が待っておられたのであろう。

にち〳〵によふほくにてわていりする
どこがあしきとさらにをもうな　（三　131）

とおふでさきに仰せられているが、まさしく身上・事情は、より一層の成人を望まれる親神様からの〝天の手紙〟である。その手紙を読みきって、その思召《おぼしめし》に沿うとき、一夜の間にも鮮やかにご守護くださるとともに、さらに一段高い陽気ぐらしの境地に案内される。かくて身上のさわりも、事情のもつれも、ただただ道の花・道の宝として喜びの中に受け取れるようになるのである。

5　眼病のおかげ

〝身上・事情は道の花・道の宝〟

といわれている。身上・事情によって、人間の身体《からだ》はかしもの・かりものであることが分かり、人間知の限界を知って、親神様のお働きに気がつくようになる。そうしてよろめきかけた心の姿勢が正され、幸せへの道に案内される。お言葉どおり、身上・事情は道の花であり、道の宝である。

ある旅からの帰途、私どもの教会で預かっている青年の実家に立ち寄った。二度目の訪問であった。

「先生、あの子の眼はどうでしょう」

と、お父さんから尋ねられた。彼はこの家の二男として育ったのである。ちょっとした事情があって、教会に住み込むようになってから、はや二年半は過ぎていた。

実家は天理教ではなかったので、初めのうちは教会の雰囲気になじむために、おそらく彼は彼なりに、心の葛藤《かっとう》を味わっていたに違いない。しかし〝教会というところは、いいところだ〟と思うようになって、修養科に進んだ。おぢばでの三カ月で、親神様が見抜き見通しで働いておられるという、得がたい宝を彼は頭で学んできた。それでもまだ身についてはいなかった。当時彼は三十二歳。さて、いよいよ就職しようというときになって、彼の眼がかすんできたのである。

医者の診断の結果、〝原田病《はらだ》〟といううるさい病気であることが分かった。入院を余儀なくされ、瞳孔《どうこう》を開いて洗眼するようになった。そのために日中はまぶしくて、起居動作不自由となった。間もなく頭髪はどんどん抜け落ちて、さすがの好男子も哀れな男に変身した。同病で全盲になった者もあった。回復には一年かかると彼は宣告された。こうして治療を続けているうち、大分よくなってきて、通院すればいいようになった。

この執拗な眼病は、彼の人間改造に役立った。親神様なればこその温かく強い親心であった。

〝成ってくる理を喜ぶ〟

〝ふしから芽が出る〟

という修養科で習った教理が、彼の体にジワジワとしみ込んでいった。

朝夕のおつとめに真剣さが加わった。まだ見にくい中、神殿掃除にも身が入っていった。それよりも何よりも、過去をさんげし反省する心が積み重なっていった。その様子が、そばで見ている私に十分感得できた。

その間やはり一年余りの歳月が流れた。おかげで頭髪も元に復し、幾分黒味がかった眼鏡さえかければ、〇・八と〇・九という視力が蘇《よみがえ》り新聞も読めるようになった。ご両親からは時折、病状を案じる長距離電話がかかった。高額の治療費も時々送られた。親心を千々にくだかれているのが、私には痛いほど分かった。

「お父さん、彼の眼はもう九分どおりは治っているでしょう。ほんとにご心配かけましたネ。でも、誰《だれ》の意見よりも今度の病気があってよかったのですネ。全盲に近い恐怖に襲われたおかげで、彼は昔を洗いざらいさんげできたのですから。結局、人間業を超えた改心へのムチでしたネ。初めのうちは神様はこわいと思います。そこを通り過ぎると、だから神様はありがたい、ということが分かってまいります」

私は力をこめて〝病んでよかったのですヨ〟とお父さんに強調した。

「実は先生、あの子にこの店を手伝ってもらいたいと思います。ご覧のように家内も患っているものですから、私一人ではどうにもなりません。午前中だけはお手伝いの女《かた》が来てくださいますが、店のほうは午後が忙しいし、二階に泊まりの客があるときなどは、上がったり下りたり大変です。あの子以外の兄弟姉妹《きょうだい》は、それぞれ自分たちの仕事を持ち、根城を構えておりますから、ここへ呼ぶわけにはいきません。せっかくここまで来た店を手放して、遠方にいる長男夫婦のところに引っ越すのももったいないし、あと一分残ったあの子の眼のほうは、こちらの大学病院に通わせますから……。一つ、教会からここへ戻していただくということは、どんなものでしょう」

父親から苦衷《くちゅう》を訴えられたとき、私は〝帰るべきよきチャンスを頂いた〟と気がついた。彼の兄弟姉妹は幼いころから勉強好きで、いまではそれぞれ立派に生計を営んでおられる。彼だけは机に向かう性質ではなく、劣等感から多少のよろめき人生があったようである。

しかし、体を張って動く商売なら彼には向くし、内心には人情にもろいやさしさが宿っている。教会にいながら親・兄弟を思う愛情もこまやかであった。親神様によって生かされ守られているという信仰も、ようやく彼の身につきかけていた。なるほど旅館兼食堂の商売は、父親一人の腕では限界がある。さりとて彼が、昔のままの彼であっては、手伝ってもらうことに抵抗がある。兄弟姉妹も彼に任せきれない。

眼病がおよそ回復してから、久しぶりで数日間、彼は実家に帰ったことがあった。そのとき、両親の眼に映った彼は、大きく変わっていたらしい。信仰と病気によってもたらされた効果は、ある程度、彼の行状に現れていた。

「お父さん、もう大丈夫でしょう。絶好の潮時です。私、横浜へ帰りましたら、さっそくその段取りをつけましょう。もし万一、具合が悪かったら、もう一度教会に送り返してください」

私は心から承諾した。それはもとより彼にとって、最も望ましい道であるから……。

「でも先生、あの子の眼はまだ一分治っていないし、その上家内も病んでいるのですから、まったく困ったものですワ」

六十を超えた父親には、長い悪戦苦闘のシワが深く刻まれていた。

「お父さん、病気のあとが一分残っているからいいのですヨ。自分の身にしるしがあるので、彼のさんげが継続し、自然と真面目《まじめ》さが要求されてくるのです。元どおりすっかり治ってしまったら、〝喉元《のどもと》過ぎれば熱さを忘れる〟危険性が生まれてきます。

病気が治って、心のよろめきの根が残っているよりも、心が入れ替わってから病気が全快するほうがいいでしょう。

お母さんの病気だって、そのとおりです。お母さんが丈夫であれば、兄弟姉妹だって、まだ彼に帰ってもらいたいと思わないでしょう。

また、朝晩眼に触れる母親の不自由な振る舞いは、彼の親孝心を呼び起こすことに役立つのですから……。

お父さん、喜んでくださいヨ。お父さんが今日までどんな中も頑張ってこられたからこそ、親神様が家族ぐるみをたすける方向に力を入れられたんです。その具体的な道をつけ始められたのですヨ」

ご両親は、よく分かってくださった。

私は教会に帰って早々、彼のために盛大な歓送パーティーを催した。やがて彼は眼を輝かせて教会を門出した。

おふでさきの中に、
い、い、

いま、でと心しいかりいれかへて
よふきつくめの心なるよふ　（十一　53）
これからハ心しいかりいれかへて
よふきづくめの心なるよふ　（十四　24）

と、同じようなおうたが書き残されている。陽気づくめになってこそ、心を入れ替えた証拠である。

どんな身上・事情も、悟り千筋の中、心底から一番喜べる悟り方が、親神様の思召に一番近い受け取り方ではないだろうか。

6　奇跡の連続

嫁姑《しゅうとめ》のいさかいのあげく、息子夫婦に置き去りにされた独り暮らしのおばあさんを訪ねたある日のことである。

子供相手の小さな駄菓子屋《だがし》を開かれていたが、その店先で、

「私はもうあの子たちなど、絶対にあてにしません。誰《だれ》のお世話にもならないで、一人でやっていきますヨ」

と、いかにもご立派な（？）発言を聞いた。私はそのとき、間髪を入れず、おばあさんの襟元《えりもと》をつかまえた。

「この着物はどうされたの？」

私が言うが早いか、

「エーエー、私が買ってきて、自分で縫ったものですヨ」

シャーシャーとして得意げな返事がはね返ってきた。

「それじゃ、この柄はおばあさんが画《か》いたの？」

「…………」

「この布地は、おばあさんが織ったの？」

「…………」

しばらく妙な顔をして黙っておられたが、

「やっぱり、先生にはかなわないワ」

と言って、笑顔が蘇《よみがえ》ってきた。

「おばあさんがいま持っておられるその湯のみだって、そうでしょう。自分で儲《もう》けて、自分で買ってこられた湯のみでしょうが、もともと誰が造って、誰が焼いて、誰が塗ったものかはご存じないでしょう。

毎日々々座っておられるこの畳だって、そのとおりです。この材料がどこでできて、どういうように運ばれ、どこで畳表になったものか、さっぱり分からないものネ。

〝誰のお世話にもならないで、立派に独力で生きていきますヨ〟っていうのは、いかにも、しっかりしているように見えるけど、これほど傲慢《ごうまん》な考え方はありませんヨ。

まるっきり反対に〝世間の人々のみんなに、お世話になっております〟っていうのが、正しい思案というものですネ」

まったく有史以来の、それこそ世界中の人間から恩恵を受けて、きょう一日があると私たちは自覚せねばならない。

「この花瓶《かびん》にさされた一輪の花は、ほんとにきれいなものですが、この紅《あか》や緑だって、人生に安らぎやうるおいを与えてくれるんですからネ……」

まさしく人間ばかりではなく、私たちは万物一切の恵みを受けて、一日々々を送り迎えしているのである。

「夫婦喧嘩《げんか》の仲裁に入ったことも私、たびたびありましたがネ、言葉のはずみで〝勝手にしやがれ、もう離縁だ〟と言って、出ようとしたり、出されかけたりするもんです。そんなとき、『ちょっと待って。いくら別れたって、二人は今後一切関係がない、なんてことにはならないヨ。それぞれが遠く離れたって、奥さんが手がけた野菜が回りまわってご主人の口に入ることもあるんだし、またご主人が組み立てたテレビが、あちこち回っているうち、奥さんの友だちの家に落ち着いて、奥さんがそこで結構楽しむ場合だってあるかもしれないいんだから。はき出すように文句を言い合った二人が、知らぬ間に相手の息を、いまも現に吸いこんでいたんだからネ……』などと念を押したものです。

そうして、親神様のお言葉、

夫婦の縁は無くとも互い〳〵兄弟という縁は結んでくれ。　（明治28・5・22）

と教えたもんでした。

まったく人間同士は、みな親神様をやとする一れつ兄弟姉妹《きょうだい》なんですヨ。私たちはお互い、見えんところや、分からんところでつながり合い、またたすけ合っているんですネ」

お菓子を買いに来た子供のために、おばあさんは時々立たれたが、いつになく落ち着いて私の話を、ジッと聞いておられた。

「おばあさんネ、私たちは寝ている間も呼吸を続けているんです。自覚はしていなくても、血液は全身をかけ巡っています。食べたものさえ忘れていても、口にしたものは知らぬ間に消化しています。まさしく奇跡の連続です。みな神様のおかげです。目の見えない人もあるのに、私たちは目が見える。手足が不自由な人もあるのに、おばあさんの手足は自由に動く。〝ありがたいナー、もったいないナー〟と感謝するほうが上ですヨ。〝体に痛みがないだけでも、ほんとに幸せ者だ〟と手を合わせたくなるのが、人生を知った者といえるでしょうネ」

「………」

「そうそう、私たちが住んでいるこの足元の地球だって、自転しているんだし、太陽やお月さんも、一分一秒の狂いなく、正しい軌道を回転しているんですからネ……。とうてい人力の及ぶところではありません。みな親神様のご守護ですヨ。奇跡的なご守護を頂いているのですヨ。

そんなことは自然現象だと大抵の人は思っているようですが、この自然現象を一体どなたが支配され統一されているんですか？　人間以上の不思議な力ですヨ。〝不思議が神〟とも教祖は教えられましたが、よくよく人生を凝視すると、ほんとに不思議なことばかりですネ。

知らぬ間に人間が宿って、知らぬ間に胎児が育っていく。生まれた赤ん坊が、上手《じょうず》にお乳を吸う。春夏秋冬が順序正しく訪れてくる。目に見えない力で、野菜や果物が出来ていく。まったく秩序正しく、狂いなくですからネ」

当たり前と思えることを、不思議だといちいち実例を挙げて説明をしていると、

「どうすれば先生のように悟れるようになるでしょうネ。そのコツを教えていただけませんか？」

と、おばあさんから尋ねられて、私はハッとした。

「コツですか。コツはやっぱり資《もと》をかけることでしょうネ。洋裁師になるには七年ぐらいはかかるというし、一人前の大工になるにしても、五年や七年の年季はいるでしょう。熟練工だけがコツを知っているんです。

資をかけるということは、そのために時間も使い、物も金も身もかけることですネ。時には世間の義理を欠くことさえあるでしょう。同じ日に棟上げと親戚《しんせき》の葬式が重なって、心ならずも義理を欠き、葬式は家族に任せて建前《たてまえ》に出た。そういうような人が、大工の親方となり、また建築のコツも身につけることができるんですネ。信仰だって、

心の持ち方だって、みな同じです。この苦しみの多い人生から救われるなんていうのは、やはり一年や二年では無理でしょうネ。『運び三年、尽くし三年、理の三年、あらあら十年の道という』とお聞かせいただきますが、十年ぐらいかけないと、コツは分からないでしょう」

おばあさんは黙って聞いておられましたが、さすがは年の功、

「先生はどれくらい資をかけられました?」

と急所に触れてこられた。うまい言葉の出るときは出るもので、私は、

「エー、親の代から資がかかっていますからネー」

と答えた。そのおばあさんも、

「ほんとにそうでしたネ」

と、やっと安心され、共々笑ったのであった。

おわりに

やれ公害だ！　大気汚染だ！　環境破壊だ！　物価も急騰した！　と連日暗いニュースが私たちの人生をおおっている。しかし、それほど恵みの少ない荒涼とした旅路に、私たちは門出をしたのであろうか。私たちはあらためて人生の現実を見つめ直して、そこに生きがいと喜びを求め、勇んで明日からの旅に力強い歩みを踏み出さねばならない。

数年前のこと——

女ばかりの世帯の引っ越しを手伝ったことがある。若い男手を三人連れ、小型トラックで早朝からかかった。家財道具はそれほどなかったが、松の木をはじめとする植木の移植には相当苦労をした。

終わってから頂いたおにぎりと煮しめ、それに沢庵《たくあん》の味は、ほんとに格別であった。一服しながら、よもやまの世間話に花を咲かせ、

「いい家が授かりましたネ」

と、いまは亡きご主人の面影を浮かべながら、わがことのようにうれしさをかみしめていた。

ようやく、あたりも暗くなりかけたので、

「思いきり汗を流すことは、ほんとに気持ちのいいことですネ」

と、言葉を残して引き揚げた。ところが、この帰り道、妙に、

〝きょうは何の寸志も頂かなかったナー〟

ということが気にかかった。

〝いやいや、十働いて七もらったときは、三だけが働きっぱなしになる。何だか損したようだが、この三が、その後の人生に面白く効いてくるはずだ。その反対に、七し

か働いていないのに、十もらったりすると随分得したように思うが、このもらい過ぎの三が、天の通帳に借金として記載される。この三の返済を、何らかの形で迫られたときは、それこそ大変である。

余れば返される。足らねばとられる……。

天の差引勘定《かんじょう》が、運命の上に及んでいく。

予期せぬことに出合って、喜ぶのも悲しむのも、きっとこの辺のところにあるのだろう〟

と、あらためて自問自答した。してみると、

〝きょうのところは、よい種をまいて、上に土をかぶせたようなものだ。土をかぶせておかないと、種の生命はなくなる。つとめたからすぐその場でもらうというのは、ちょうどまいた種をすぐ掘り出すような結果になる。もらわなくてよかったのだ。いいことをしながら、その代償を得なくてよかったのだ。

一生懸命つとめて損をしたり、人のために苦労して悪く言われたり……、こういう

日もないことには、つい、もらい過ぎている日の返済ができないからナー〟

やっと働き損のきょうを意義づけて、いったん気にかかった私の心を静めた。

〝それでも、もらったほうがうれしいだろう？〟

と声なき声が、またしばらくして私に聞こえてきた。

〝いやいや、もらわなくてよかったのだ〟

と無理にはね返してみたが、

〝やはり、もらったほうがうれしいだろう？〟

と、実に執拗《しつよう》に何度も私の耳に響いてくるのであった。そこで、

〝一つ、この辺で私のきょうまでの前半生で、出したほうが多いか、もらったほうが多いか、反省してみよう〟

と考えついたのである。

〝私が出したもの、つとめたもの……〟

一つ二つと指を折ってみたが、一向にそれらが浮かんでこない。それでは次に、

〝私がもらったもの、頂いたもの……〟

空には航空機が飛んでいる。

地上には車が走っている。

部屋では、テレビが世界の動きを映している。

人類創《はじ》まって以来きょうまでの、それこそ全世界の人々の努力一切を、私は素っ裸でオギャーと生まれたときからもらっている。それればかりか、春の桜、秋の紅葉、小鳥のさえずり、鯉《こい》のゆるやかな泳ぎ——。

夏も冬も三十六度五分の体温、寝ている間も無意識に続けている呼吸——。

大自然の働き一切もまた、私はもらっている。結局、頂いたものは無限で、出したものは十指に満たない。

私は現在、ものすごい借金をしていると、否応《いやおう》なく認めざるを得なかった。

〝しょせん、もらうどころの騒ぎじゃない。出して出して、尽くしまくって、何とかこの莫大な借りを返済し、せめて子孫には「積善《せきぜん》の家に余慶《よけい》あり」の策を懸命に講じなければならない〟

と決意した。そうして、

〝こうしてきた……、あーもしてやった……などの言葉は、人生のこの現実を凝視しない高慢な人々のはく言葉であって、少なくとも私には無縁な言葉にしよう〟

と心に誓ったのである。

しかし私は後半生を、出して尽くしてつとめまくって、はたしてこの返済が済むだろうかと、またしても考え及んだとき、

〝弱ったナー。どれほど力んでみても、生涯借りっぱなしの人生だ〟

と、むしろ情けなくなってきた。そのとき急転直下、

〝そうだ！　借りっぱなしではなくて、恵まれっぱなしの人生なのだ！〟

と気がついたのである。私はこの瞬間から、人生のこの上もない幸せな旅人となることができた。

おふでさきに、

月日よりたん〳〵心つくしきり
そのゆへなるのにんけんである　（六 88）

というおうたがある。

この月日親神様の温かい心づくしによって、創《つく》られ守られたすけられているのがお互い人間なのである。したがって教祖の教えでは、

〝人間とは何ぞや〟

という命題に対して、

〝人間はみな、親神様の可愛《かわ》いいわが子である〟

と答えることができる。さらに、

〝人生とは何ぞや〟

となれば、

〝人生は親神様の懐《ふところ》住まい〟

なのである。

この世は、暗くはかなく冷たい苦の娑婆《しゃば》、罪の世界と決めつけ、あるいは諦《あきら》め、あるいは覚悟するのも、それは個人の自由であるが、可愛いわが子が生活するところ、

〝ここはこの世の極楽や〟

と詠《うた》い出されたのが教祖である。

とにかく、頂いたもの、もらったもののあまりにも多い〝恵まれっぱなしの人生〟であるという実感は、今後の長い旅路を歩む私たち天理教者にとって、生涯の救いである。その旅路に相当きびしい風雪が舞い、時に危険な崖道《がけみち》があろうとも……。

眼が見える、

耳が聞こえる、

手足が動く。

このことだけでも何とありがたいことではないか。私は終始一貫、返済の意欲に燃えて、そこに生きがいと喜びを求めながら、暗さを吹き飛ばして、より安らかな、より明るい陽気ぐらしの世の建設に向かいたいと思うのである。

与えられた日々を振り返り

教祖百二十年祭の勤められた立教百六十九年、道友社から『三度目の誕生』を再刊したいとの話を頂いた。

初版が発行されたのは昭和四十九年であるから、あれから三十年以上が経過している。「再刊に当たって加筆を」とも請われたが、私にはすでにその体力も気力もない。代わりに、昭和二十七年から鶴一《つるいち》分教会の機関紙『鶴』に書き続けてきた巻頭言の何本かを、『与えられた日々を振り返り』と題して加えさせていただくことにした。

大正十年にこの世に誕生してから八十六年、昭和二十一年に道一条となってから六十余年。思えば長い長い日々を与えられたものである。ただただありがたい限りである。

1　欲望の転換

山梨県のある教会に招かれて、その付近の青年団の幹部連と座談会をしたことがあった。はじめに私が講演をして、その後、質疑応答の時間となっていた。私は約一時間、教祖のひながたや単独布教師の持つ喜びなどについて話し、裸になることの中にある人生の意義を強調し、宗教的思想の価値を高揚した。

ところが、その後の質疑応答で一人の青年が、

「先生のお話は、欲を忘れ、欲を捨てることが一番肝心なように聞こえましたが、人間から欲の心がなくなれば、人生の発展も歴史の前進もなくなると思います。このような観点から、欲についての先生の考え方をもう少し詳細に聞かせてください」

と口を開いた。なるほど、そのように聞こえたかもしれない。そこで私は、次のように答えた。

「宗教的な人生観は『わが身がどうなっても、世のため人のためにしっかり働かせて

いただく』というところにあり、そこに親神様を通して『人をたすけて、わが身たすかる』世界が与えられます。すなわち、われわれの心の中にある、わが身わが家に対する欲を忘れる、また、欲を捨てるのであって、その代わり人をたすける、三千世界を救済するという大念願を起こすのです。言い換えれば、欲がなくなったり、欲を捨てたりするのではなく、欲望の内容や対象が変わっていくのです。

あらゆる宗祖、開祖、教祖の心の底に燃えたものは、世界全体を救おうとする欲望でしたが、それはもはや欲望ではなく、愛であり、慈悲であり、親心であって、祈りとも念願とも熱願とも言い得られるものでありましょう。

私が言わんとしたのは、欲をなくすことではなく、欲を変えることなのです。こうして置き換えられたゆえ、洗練された意欲をもって新しく人生が始められるとき、そこには本当の進歩発展が世の中に約束されるでしょう」

◇

夕方近くになって、ある病人さんの家におたすけに出かけた。奥様は台所で炊事の準備に余念がなかった。

しばらくすると、小学一年生の娘さんが「お腹《なか》が空《す》いた」と飛んできて、かまどの前に立ち、「早くご飯にしてちょうだいよ」と何度もせがんだ。

「もう少しだから待ってなさい」との奥様の言葉も受け付けない。娘さんは待ちきれなくなったとみえて、とうとう茶碗《ちゃわん》と箸《はし》を自分で取り出して、チンチンと鳴らしだした。まるで三日も食べていないような請求ぶりである。あまりに娘が喧《やかま》しいので、まだ炊ききらないご飯を早速、その茶碗にひとすくいして渡した。娘はひと口ふた口と慌てて口の中に放り込んだ。

ちょうどそのとき、カチカチカチカチと戸外で紙芝居の始まる拍子木の音が流れてきた。娘はあれだけ欲しがっていたご飯を置いて、

「お母ちゃん、お金ちょうだい!」

と小遣いをねだり、それを手にすると矢のように外へ飛んでいってしまった。

私はその情況をじっと眺《なが》め、その中に教理的な大きな暗示を受けることができた。

酒癖《さけぐせ》の悪い人に酒を飲むなと注意するよりも、酒以上のよい趣味を発見させることが肝心なのではなかろうか。博打《ばくち》で身を持ち崩している人には、賭《か》け事以上のよい楽しみを見つけ出させることが救いに至る道ではなかろうか。嫁や姑《しゅうとめ》の愚痴《ぐち》や不平に終始している人には、より不幸な人々をたすける意欲を持たせることが、その家庭に平穏な空気を招来する道明けになるのではなかろうか。心を病み何かくよくよ考えている人には、おてふりを習わせ、大声でみかぐらうたをあげる習慣を持たせることが、その病気から解放される起因になるのではなかろうか。

欲のあり方がその人の日常生活を決定し支配する。欲望を台としてその情熱の傾けられるところに悲喜交々《ひきこもごも》の人生が展開されていく。我欲、我執、小我を離れて聖なる意志のほとばしるところに、混濁の世は日一日と明るくなっていく。

行動に先行する意志、動機ないし欲望の本質をいかに磨くか。ここに人生の最も重要な検討があらねばならない。

われわれの持つ人間的な欲望を規制して、親神様の思召《おぼしめし》――欲求――に沿わせていただく。この欲望の転換が信仰生活のねらいであって、そこにはじめて人間は賦与《ふよ》されたままの真個の人間に立ち返り、神人和楽の陽気世界が生まれてくる。

2　資をかける

隠居仕事に子供相手のささやかな駄菓子《だがし》屋を開いているおばあさんがいた。年のころは六十五歳くらいであったろう。あてどもなく歩き回る布教中のこととて、体休めにときどきお邪魔したことがある。

入信までには至らなかったが、神様のお話は大変好きだった。嫁の態度が気にいらなく、同じ家にいて喧嘩《けんか》ばかりしているより、呑気《のんき》に独りで暮らしているほうがよいと別居しているのであった。

私が立ち寄ったときはきまって、おばあさんから嫁の愚痴がこぼれた。それはいつも同じような話であったが、私はそれを聞き終えると、多少なりとも教理を取り次ぎ、事情の受け方、心の持ち方などについて語った。

そのおばあさんとの会話で忘れることができないことがある。

「先生、どうすれば先生のように、どんなことでも明るく受け取れるようになれるのでしょうね。その方法を教えてくださいよ」

という質問であった。そのとき、とっさに私は、

「資《もと》をかけなくてはね。私もだいぶと資をかけてきたし、それよりも私の母が知らぬ間に、私のために資をかけてくれましたからねー」

と答えた。おばあさんはまだ分かりかねている様子だった。

「洋裁師になるためには、七年くらい習わないと駄目《だめ》らしいですよ。大工さんも、五年くらいの年季奉公では、まだまだ駆け出しのようですね。信仰も同じです。人生を救われるというようなことが、一年や二年くらいでできると考えるなら、それは大きな誤りです。資をかけるということは、そのために時間をかけ、身をかけ、物をかけ、金をかけるということなんです。教会に行き、おつとめを学び、またお供えをさせて

もらう。そうして年限をある程度重ねないと思いどおりの心は使えませんね。そうそう簡単な修業程度では、どんなことでもいいほうには受け取れませんよ」

と私は付け加えた。

◇

母が京都府舞鶴《まいづる》市で文房具屋を営んでいたころ、お客さんによっては定価を相当値切る人がいた。まけさせないと損だという性質の人もあるし、また困っているので安くしてくれという人もいた。慈悲深く人情もろい父は、一円の品物は九十五銭か九十銭にまけて、お客さんには喜ばれた。しかし、母はそう易々《やすやす》とまけなかった。値段を下げるなんてとんでもないという突っ張った気持ちが時々感じられた。そのため街では、「文房具屋のおやっさんはいいけれど、嫁さんは欲が深くてね……」という噂《うわさ》が立ち、子供だった私の耳にも入った。

もっとも母の売り方も上手《うま》かった。たとえば学生が万年筆などを買いに来ると、「これで字を習い、勉強するんでしょう。こんな大切なものを値切っていくようでは決して頭はよくならないよ。他のもので倹約して、こういうものはしっかり払いなさい」

と、もっともらしい話をして、定価どおりに売りつけるというふうだった。

しかし、母は安くもしないで手にした一円の中から、二十銭くらいを教会の賽銭箱《さいせんばこ》に投げ入れた。欲の深い母の事実は、一瀬家のためには八十銭くらいで売っていたことになるのである。

「たすけ一条のために教会に使ってもらえば、それが無上の喜びであって、私の徳ともなり、お客さんの徳にもなる」

と母はよく言っていた。また、

「商売して儲《もう》けを頂くのは当たり前のことで、欲が深いからではない。まけてくれと言う人のほうが欲が深い」

とも言っていた。そして、

「本当はお父さんより私のほうが欲がないのよ」

と、人生のあり方の一端も母は教えてくれた。

ともあれ、一にも二にも教会へと運んだ尽くし、いわばおたすけの助成金は、やがて一瀬家の運命を変え、ほどなく人々の親となって、自らたすけ一条の教会を担当するようになった。多くの理の子に守られ、衣食住一切を忘れて通れる日を迎えられるようになったのである。また、その母の子である私は、腹を立てようと思っても、ほとんど腹が立たず、素直になろうと思わなくても自然に素直になれ、高慢を気をつけなさいよと言われなくても、低い心で人生を渡れるようになった。

こうして資をかけてくれたおかげで、成ってくる一切を良いほうに受け取り、明るく人生を考えられる今日の日々が与えられたのである。

3　断られてからにをいがけ

布教時代、私どもの布教所近くに病人さんがいた。何とかおたすけさせていただきたいと願って声をかけたが、あっさり断られてしまった。私は、断られるのが当たり前だから、驚きもしなかった。

「どうかお大事に……」

と言葉を残してその家を出た。そうして私は次のにをいがけ先に向かって足を運んだ。その道々でふと、〝あの方がもし私の父であったら……〟と考えた。〝そうだ、断られても叱《しか》られても、毎日お伺いして病気の様子でも聞こう〟と心を定め、朝晩のお願いづとめ帳に、表札にあった名前を書き入れた。

そのお宅はささやかな駄菓子屋で、病人さんの奥さんが店先に必ず座っておられたのが幸いだった。しかし、幾度声をかけても、何の返事も返ってこなかった。

「こんにちは。ご機嫌いかがですか」

「……」

「雨でうっとうしいですね。ご病気はいかがですか」

「……」

「少し蒸しますね。お大事に」
「……」
「毎日の看病でお疲れでしょう。奥さん自身の身体《からだ》も気をつけてくださいよ」
「……」

こんな具合だから、私の毎日の訪問も店先でのほんの一、二分に過ぎなかった。お道のお話など聞く気がないのだから、あっさりしたほうが好感が残るにちがいないと判断していたのである。

ところがしばらくして黒白の幕が下がった。「忌中《きちゅう》」の文字が私の目を突き刺した。

〝しまった。とうとう一度もおさづけを取り次げなかった〟

早速私は布教所に引き返し、お願いづとめ帳の名前を消して、深々とご神前に額《ぬか》ずいた。申し訳なさ、不甲斐《ふがい》なさに、しばらく呆然《ぼうぜん》とお社を見つめていた。

翌日、離れたところから霊柩車《れいきゅうしゃ》の出るのを見送って合掌した。

病人が亡くなってしまうと、おたすけの対象がなくなったと思うのは独断である。

幼い子を抱えて未亡人生活を送ることはおそらく厳しいに相違ないと気づいた私は、翌日、すっかり静かになった店先にもう一度立った。

「奥さん、大変でしたね。私も遠くから会葬させていただきました。気を落とさないで頑張ってください。小さなお子さんがあるんですからね」

このとき、奥さんは初めて顔に多少の笑みを浮かべて、

「お茶でも入れましょう。まあお掛けなさいよ。どんな話があるのか知らないけど、ずいぶんあなたも熱心ね」

とおっしゃった。それから時折、その家を訪ねて親しくお話をさせていただけるようになった。

その後間もないある日のこと、思い切って私はお願いをした。

「奥さん、実は二百円ほど貸してほしいのですが……。というのは、神奈川県でいま、母子寮を建てているのです。横浜にいる私の母の教会の割り当てが二千円ですが、そのうち四百円を私が引き受けているのです。きょうまでいろいろと奔走したのですが、

まだ半分しかできていません。明朝、それを届けに行かないと間に合わないので、こうして無理を承知で来たのですが……」

母子家庭の人に母子寮の話をするのだから、「それじゃ、私だって同じことよ」と言われそうな気がしていた。ところが、

「天理教って大したものね。借金してでも人のために寄付するんですか。いいわ、私、二百円出すわ。返していただかなくても結構よ」

と返ってきた。私はジーンと目頭が熱くなった。

以後、私が横浜の教会に戻るまで、よく布教所に運んでくださった。そうして不自由な中からその都度、何かしら神様にお供えくださった。ざっくばらんな明るい性格の奥さんであった。

4 親神様に食べていただける喜び

山一《やまいち》分教会の立川忠義《たちかわただよし》先生が一修養科生であったころ、元の理を詳しく聞きたい上から、高安《たかやす》大教会初代会長・松村吉太郎《まつむらきちたろう》先生を訪ねたという。その当時は、教祖五十年祭に向かう旬であり、全人類更生運動を展開された本部員の松村先生にしてみれば、教務多忙の折から一修養科生などに直接面会する時間などあまりなかったようである。しかし、六度断られても懲《こ》りなかった立川先生は、七度目にやっとお会いする機会を得たのである。そこで松村先生は一言、

「元の理は、親神様に食べていただける喜びである」

と仰せられたという。

私たちよふぼくは教祖の道具衆であり、教祖は私たちを道具として世界たすけ一条の道を進めておられるのである。

「東の方からうなぎを、坤《ひつじさる》の方からかれいを、西の方からくろぐつなを、艮《うしとら》の方から

ふぐを、次々と引き寄せ、これにも又《また》、承知をさせて貰《もら》い受け、食べてその心味《こころあじわい》を試された」

これが元の理の一部である。してみると、親神様は私たちよふぼくを引き寄せ、食べてその心味を試され、人間の再創造をされる。すなわち、親神様を信じて陽気ぐらしへの道を歩む人たちをお創《つく》りくださる。言い換えればお道の信者をお与えくださるのである。

結局、にをいがかかるのも、おたすけが上がるのも、私たちを親神様が食べてくださって、その心味の良さの上に親神様がお働きくださるからであると悟らなければならない。

しんぢつにたすけ一ぢよの心なら
なにゆハいでもしかとうけとる　（三　38）

とおふでさきに明記されているとおり、食べていただく私たちの心味が正真正銘のおたすけ心であるかどうかに、すべてはかかっているのである。

◇

布教時代の小さなご守護の一齣《ひとこま》であるが……。明日は教会の月次祭だから、家内はもちろんだが、金森《かなもり》さんの奥さんも浅田《あさだ》さんの奥さんも、みんなで出かけてほしいと私は願った。ところが浅田さんのご主人が毎日ブラブラしておられたので、横浜に行く電車賃さえも浅田さんにはなかったらしい。月次祭前日、表を掃いていた私は家内を戸外に呼んで、出し抜けに、

「いまから私は教会まで歩いていく。私の分の電車賃を浅田さんに回してくれ」

と言い残して、そのままスタスタと十数里の道をたどり始めた。私は朝食も食べておらず、一銭も持っていなかった。しかし心はハイキングみたいな晴々としたものであった。

ところが、それからの家内は大変だったらしい。慌てて家の中に飛び込んで、最愛の私に持たせる昼弁当代わりを探したようである。ただならぬ気配に浅田さんのご主人が、

「奥さん、何を探しているんですか?」

と問いかけた。

「主人がいま、何も持たずに横浜に歩き出したものですから……」

と答えると、

「お前たち、みんな明日は横浜に行くのをやめろ。先生に歩かせて、お前たちがのうのうと電車に乗れるか」

と大喝《だいかつ》一声。家内は、

「主人は心底からみんなに教会に行ってほしいと思ってしたことなんです。あてこすりや見てくれなどでは決してありません」

などと一生懸命弁解につとめて、ようやく理解してもらえたとのことだった。

月次祭当日は、みんな勢揃《せいぞろ》いして気持ちよく月次祭をつとめさせていただき、その後、浅田さんのご主人は仕事に勇んで出られるようになったのである。

私の内心には、浅田さんにも働くようになって、なんとかたすかってもらいたいという気持ちはなかったとはいえない。でも、私の真実のたすけ一条の心を、あのとき親神様が食べてくださって、お働きいただいたものだと回顧するのである。

5　親神様の尽くし

世界たすけの大業を目標としたこのお道は、もとよりきりなしふしんである。きりなしふしんである以上、尽くしの信仰を私たちは正しく末代に伝承していかなければならない。

それにはまず、人間が親神様に尽くすよりも、親神様が人間に尽くされることのほうが、いかに多いかについて言及しなければならない。次のおうたをじっくり味わっていただきたい。

いちれつのこともがかハいそれゆへに
いろ／＼心つくしきるなり　（四　63）

ないせかいはじめよふとてこの月日
たん／＼心つくしたるゆへ　（六　85）
月日よりたん／＼心つくしきり
そのゆへなるのにんけんである　（六　88）

ない人間ない世界の創造された太初から今日に至るまで、親神様は可愛《かわい》いわが子である人間に対し、どれほど心にかけて尽くされたか分からない。しかも今日の一人ひとりが、それこそ一分一秒の休みないご守護に浴しているのである。「火水風は一の神」と仰せられるが、親神様の尽くしは、人間の尽くしとは遥かに次元が異なるのである。この親神様の尽くしが悟れ、広大無辺なご恩が分からなかったら、信仰も理解されず、人間の基本的な心の条件が失われてしまうのである。

◇

布教時代、金森さん家族と同居生活が始まって間もないころであった。そろそろ布団に入ろうとしていた午後十時ごろ、年配の女性が息せき切って私の家に飛び込んでこられた。

「娘がお産で苦しんでおります。天理教さん、たすけてくださ い。すぐ来てくださ い」

それは隣家の奥さんの母親だった。これまで何の交渉もなかった隣家であり、ましてお産の手伝いに来られた実家のお母さんなど一面識もなかった。しかし、「おたすけを頼む」と言われて、いままでの没交渉をかなぐり捨てて、何の遠慮会釈なく座敷に駆け込んだ。

現在のように病院や産院が利用されず、出産の大半が産婆さんの手にかかっていた当時である。産婆さんが産婦の元に寄り添い頑張っていたが、いっこうに強い陣痛はなく、微弱陣痛で朝からいままでかかっているのである。産婦はもうすでにヘトヘトに疲れていた。

私は早速おさづけにかかったが、微弱陣痛のままである。私は傍らにいた母親に手を差し出し、

「お母さん、頼みます」

「何でしょうか？」

「神様へのお願いです」

「お金ですか？」

「そうです。いくらでも結構です。ただいますぐ隣に引き返して神様にお願いをしてきます」

「そうですか。でも、お金は娘が皆持っておりますから、私は何もありません。そうそう、おつり銭がポケットにありました。せめてこれだけでも……」

私は、母親が袂《たもと》から出した二、三枚の十円玉を握りしめ、家に飛び返った。玄関の戸を開けると、もう寝ているはずの皆が隣家側の板壁に耳をすりよせている。いまかいまかと待っていたらしい。

「心配などしなくてよい。さあ、皆でお願いづとめだ」

私は大声で一同を促した。そして、十円玉を三方《さんぽう》にお供えし、おつとめにかかった。

その間、ものの五分くらいであっただろうが、私の心は幾分落ち着いてきた。再び隣家に行き、今度は少し速度を落とし、悠々とおさづけを取り次いだ。母親も産婆さんも「なむ天理さん、天理教さん、どうかおたすけを……」と、いままで唱えたことのない神名をしきりに唱え、手をすり合わせていた。

「あしきはらいたすけたまえ天理王命」と三度目のお願いが終わるか終わらないかに、「オギャーオギャーオギャーオギャー」と元気な呱々《ここ》の声を上げた。鮮やかに安産のご守護を頂いて、私はほっと胸を撫《な》で下ろした。

〃あー、よかった。やっと責任を果たすことができた〃

それは内心からの偽らぬ私の声だった。

「先生、ありがとうございました。親子共々命拾いしました」

と、私は母親から感謝の言葉を受け、産婆さんからは、

「やっと私も安心しました。天理さんのおかげでした。どうなるかと随分心配しましたが、神様って大したものですね」

と喜びの声を頂いた。私は感激をそのままにわが家に引き返し、親神様、教祖に深々とお礼を申し上げた。

このとき、人間の尽くしはわずかであっても、親神様の人間に対する尽くしやご守護はこれほどまでに大きなものであることを、あらためて実感したのであった。

この世の営み一切は神人共同作業である。共同作業といっても、人間のほうはほとんど一分《ぶ》以下で、親神様のお働きは九分以上であると悟らせていただく。赤ん坊が生まれるまでの過程一つを考えてみても、人間側の分野はほんのわずかに過ぎない。十《と》月十日《つきとおか》は親神様の領分で、妊娠時と出産時にちょっと人間が関係しているだけである。

　月日よりたん〳〵心つくしきり
　そのゆへなるのにんけんである　（六　88）

あらためて親神様の尽くしの偉大さに、私たちは感激させていただかねばならない。

6　里の仙人

「布教の家・東京寮」の修理肥をするよう、ご命を受けたことがあった。真夏の八月半ば、東京教務支庁に出かけ、寮生である単独布教師四人に会ったとき、みんなすっかり日焼けして、少々バテていた。

「先生、暑いですね。昼食抜きで日中ブラブラ歩くだけで、本当に参ってしまいます。普通に勤めている人たちと比べると、何だか私たちは特殊の人間ではないかと思います。これでも『里の仙人』でしょうか？」

「泥沼に咲いた蓮《はす》の花」というが、一般の青年たちと同じ泥沼にあってこそ「里の仙人」とも名付けられようと問うのである。会社で働きながら、商店に勤めながら、またスコップや鋸《のこぎり》を手にしながら、にをいがけをし、布教するのが里の仙人であって、布教専務として朝から晩までリーフレットを配り歩き、家計など一切考えないで通ることは、もはや「里の仙人」ではないのでは、と心配しているのである。

「そうだなあ。でも、剃髪《ていはつ》したお坊さんから思えば『里の仙人』だろうね。生涯結婚をしない修道女からみれば『里の仙人』だろうね。普通のワイシャツを着て、普通のズボンをはいて、外見は布教師とも会社の外交員とも、あるいは休日の散歩人とも区別がつかないいんだから」

こんな言葉で単独布教師たちを慰められるわけがない。

「でも先生、街を歩いていても、暗い顔をしている人はそんなにいませんよ。みんな楽しそうにしゃべりながら歩いていたり、買い物したり。結構自分のレジャーを楽しんでいるようですね。私たち布教師のほうが、たすけてほしいような顔をしています。まるで『里の仙人』じゃなくて『里の悩める人』というところでしょうか。弱ったものですよ」

どうやら単独布教初期の人たちが一度は味わう心の苦悩に、四人が四人ともぶち当たったらしいのである。挫折《ざせつ》感、絶望感の経験のない人間ほど、始末におえないものはない。

「私は単独布教に出る前、幸い初めからにをいのかかるのは百人に一人と計算していた。あるいは千人に一人かもしれない。きょう死のうか、あすは家出しようかと、苦しんでいる人がたくさんいるのでは、世の中が悲愴《ひそう》すぎる。九十九人は明るく暮らしているにちがいない。九百九十九人は、どうやら時に喜び、時に泣きながらも一日一日を送り迎えしているだろう。

　布教師が今日、たすけに挑《いど》まねばならないのは、百人に一人、千人に一人なんだ。明るい顔をしている人たちはもちろん、どうやら過ごしていける人々は、あなたたちは見送ってしまえばいいのだ。そういう人たちは泥沼にいるのではない。残りの一人、文字どおり泥沼にいる人の中に深く食い込んで、そこにあなたたちのひながたを示し、蓮の花を見せることである。専門的にその人たちにかかわりあえるというのが単独布教師の特質であり本領である。そのおたすけの道すがらがそのまま『里の仙人』の真価を発揮し、やがて後回しにされ、見送られた九十九人、あるいは九百九十九人に人生を教える素材を提供することになるんだ。教祖がお教えくだされた『学者金持ち後回し』というお言葉、あるいは『一に百姓たすけたい』『谷底せり上げ』などのお言葉は、この辺のところをはっきり仰せられたものと思う」

どうやら四人の布教師の心に、私の悟りが治まったらしい。

「そうですね。私たちのおたすけの方向が、きょう、はっきり分かりました。私たちの対象がぼやけていたのですね。だから迷いと悩みがいつもつきまとっていたのです。九十九人を見送って、あとの一人、その人とともに生きるのが単独布教師の生きがい。なるほど、先生、ありがとうございました」

約二時間、それからいろいろと布教師の疑問点に答えて、東京教務支庁を後にした。

この一件は「教えて教えられる」ものであった。百人中の一人と何げなく言った私の言葉が、私自身にはね返ってきた。よふぼくとしての使命を、私自身の立場からはっきり再確認できたのである。まさしく「人をたすけて、わが身たすかる」である。

おたすけに歩きながらたすかっていく、ありがたい世界である。

7　一人を仕込め

百軒にをいがけをしても、お道につながる人はその中からたった一人くらいで、またその一人を導くのに下駄《げた》三足いるというのが通り相場の単独布教師のことだから、多少の覚悟はあった。

〝それよりも人間的な苦労が多ければ多いほど、通りきったときの喜びはまた格別だし、一日一日の厳しい体験はそのままが将来の得難い話にもなるだろう。それにいままでとかく論じながらも、頭の中でしか分からなかった教祖のひながたをひしひしと体感して涙することもあろう〟

私が単独布教を始めるとき、道なき所に道をつけるあらきとうりようの本領を発揮するときがいよいよ来たと、一種のヒロイズムに陶酔していたが、出発のその日が迫ってくると、やはり大きな不安がのしかかってきた。

そんなある日のこと、同系統のK先生の来訪を受けた。先生は「布教に出る君に、一つ餞別《せんべつ》を贈ろう」と言って、次のようなお話をされた。

「わしはなあ、現在の教会を持つまでに、おおげさなようだが、二十カ所ばかりで単独布教をしてきたんだよ。それがどこもう一歩のところで実を結ばないで、せっかくできかけたまとまりが皆消えてしまった。後になってよくその理由を考えてみたが、結論として、一人を仕上げることを忘れていたんだね。なあ、一瀬君。布教に出るなら、そんなにたくさんの人を作ろうと思わなくたっていいよ。それよりもたった一人でいいから、その人を仕込んでこい」

この言葉を聞いた瞬間、私は何かほっとして身が軽くなったような錯覚を感じた。果てしない積乱雲が一度に晴れて、さっと陽《ひ》の光を拝んだような、救われた感じだった。

〝何百人かを相手に〟と思っていた重圧から一瞬にして解放され、〝なんだ、たった一人くらい仕上げるんだったら、何でもないぞ。単独布教恐れるに足らずだ〟と勇気百倍して、意気揚々と布教地に向かったのである。

それから約一年間、がむしゃらに道を通って、ようやく小さなかたまりができて、ひと息ついたころ、布教先で私に与わる一番手ごわい質問の言葉を、私は知ったのである。それは「先生、あの人はこのごろどうですか？」である。

この問いを受ける以上、後輩を導くために、教祖のひながたや天理教の教義などをつぶさに伝え、それらを現実のものとするために、先輩である身辺の信者さんを具体例として示すのである。

しかし、先方は自分が入信する前に、あるいは入信後の信仰を進める前に、その先輩がどのように救われていくであろうかを、淡い期待と希望を一方にかけつつ、興味をもって、あるいは不安に、あるいは疑いながら見守っているのである。それだけに後輩は私の顔を見るなり、「あの人はこのごろどうですか？」と問いかけて、天理教の信仰を試すのである。

この問いを提示する人の多くは、同じ悩みに苦しむ人である。それだけに「あの人」の場合の実証に迫るのである。「あの人」の現在が入信前よりも明らかに救われているとと判断するならば、私は雄弁にその人の状態を語り伝えるであろう。しかし、過去よりも下降カーブを示しているときには、言葉巧みに逃げざるを得ないのである。また、この実証のいかんとともに、「あの人」の信仰的教育を施す私自身の値打ち決めをされているのである。良き師であるか否か、ついていくことができるかどうか、あるいは信じてよいかどうかを判断され、私は試されているような厳しささえ感じるのである。

いいかにをいがけを始めたばかりの人、あるいは信者の中で比較的先輩にあたる人をしっかりたすけ上げることとの大切さを、心痛いまでに感じたのである。

「一人を仕込んでこい」

私は実に貴重なはなむけの言葉を頂いたのであった。

布教してから半年目、とにもかくにも私は些《いささ》かなバラックを建築させていただくことができた。もとより十分な資金があったわけではない。玄関に古物の引き戸が一本立っているほかは、周囲は一枚張りの板壁である。一冬越してしまうと、それらの板がふんぞり返って隙間《すきま》漏る風は実に容赦はなかった。トントン葺《ぶ》きの低い屋根で天井はなく、真夏の日中の室内はむせかえるようだった。粗末な犬小屋を大きくしたようなもので、住宅とは名ばかりであった。部屋の中は一日中一つの電灯がつけっ放しであった。それでも借間で声をひそめながらおてふりの練習をしたり、夜の十二時も過ぎてから、家主さんが目を覚まさないように、音がしないように細心の気を配ってそっと階段を下り、裏玄関の戸を開けて、信者さん方にお帰りいただいた以前の姿を思うと、幾分気楽だった。

幸いこの一戸建てに移ったとき、相当熱心になられた信者さんに事情が起き、私たち親子四人と住むことになった。いままで借りていた諸道具を家主さんに返して、すっかり不自由するところだった私たちは救われたのである。その上、食事までをこの信者さんが受け持ってくださったので、私たち夫婦は何もかも忘れて、たすけ一条の道に明け暮れすることができたのである。もっともその信者さんにも子供二人があり、国はあっても仕切りになる紙障子のない一間同然のこの家では、到底別々に食事をすることなどできなかった。

しばらくして、この信者さんが私たちを支えるのを重荷に感じて、少々算盤《そろばん》をはじかれるようになったころ、新しい家族が布教所に入り込まれるご守護を頂いた。家の北側の曲がりくねった板壁を外して、この五人家族のために約五畳を建て増した。普請の程度は初めて同然で、ほとんど鉋《かんな》もかけないで建った素人造りの部屋であった。しかし、この部屋との境にも中仕切りの建具を求める力がなかった。そうこうする中、この小さな私の布教所に定員過剰の十五人が入れ替わり立ち替わり雑居するようになったのである。

だから、私たちの布教所生活は〝陰のない暮らし〟であった。先生である私も、たすけられる側の信者さんも、そうして分からずやの子供たちまでも、一日中の起居動作のすべてを他の人の目に見せ、また笑い声ならまだしも、泣き声、小言、不足に至るまで、全員が耳にする日々であった。先生と言われる私や家内などはうっかり沈んだ顔さえ見せられない始末である。私は家内に重要な相談があると、「ちょっと午後二時ごろ、駅のベンチに行ってくれないか。私もそのころ回るから」といった具合で、時々、逢引《あいびき》やら待ち合わせをやったものである。

布団を敷くと、まったく足の踏み場などない。「寝床の頭の上を歩くな」とか「人を跨《また》いじゃいかん」とか、そんな些細《ささい》な礼儀など到底通用しなかった。外来の信者さんなどと話していると、皆居眠りしながらでも聞いているといった具合だった。

こんな暮らしの中にふと、「一人を仕込んでこい」という言葉を思い出し、この中の誰《だれ》かがその一人かもしれぬと思い返して、我《われ》と我《わ》が身を引き締めたものである。また、教壇に立つ教師と違って、実生活全体を把握して信者を教育すべきよふぼく、宗教家の厳しいさだめを知ったのである。

そして、〝信者さんを見ているのではない。信者さんに見られているのだ〟〝信者さんをたすけているのではない。信者さんからたすけられているのだ。人をたすけて、わが身たすかる道、心の成人を遂げる道があるのだ〟といった数々の自覚が生まれ、布教道中を真剣に通ることができた。おかげでどうやら苦労の中でも、芯《しん》をとりまく人々の力が養われて、些かながら教会が誕生したのである。

一瀬俊夫（いちせ・としお）
大正10（1921）年、京都府舞鶴市生まれ。昭和19（1944）年、東京大学工学部卒業。運輸通信省港湾建設部に奉職。21年より布教に専念。26年、鶴俊（現・鶴湘南）分教会設立、初代会長に就任。34年、鶴一分教会3代会長就任。61年、辞任。

三度目《さんどめ》の誕生《たんじょう》　人間《にんげん》の忘《わす》れているもの

立教137年（1974年）10月26日　初版第1刷発行
立教170年（2007年）4月18日　第2版第1刷発行

著　者　一瀬《いちせ》　俊夫《としお》

発行所　天理教道友社
〒632-8686　奈良県天理市三島町271
電話　0743（62）5388
振替　00900-7-10367

TENRIKYO DOYUSHA

印刷所　株式会社天理時報社
〒632-0083　奈良県天理市稲葉町80

ISBN978-4-8073-0518-6
定価はカバーに表示